O Estado dos Mortos

Leandro Bertoldo

Leandro Bertoldo
O Estado dos Mortos

Leandro Bertoldo
O Estado dos Mortos

De: ______________________________________

Para: ____________________________________

____

____

Leandro Bertoldo
O Estado dos Mortos

Dedico este livro ao meu aluno e irmão em Cristo:
Jose Pedro Perez Júnior

Leandro Bertoldo
O Estado dos Mortos

Leandro Bertoldo
O Estado dos Mortos

Que é o homem mortal para que te lembres dele?
(Salmos 8:4)

Leandro Bertoldo
O Estado dos Mortos

Sumário

Leandro Bertoldo
O Estado dos Mortos

Dados biográficos

Leandro Bertoldo, filho de José Bertoldo Sobrinho e de Anita Leandro Bezerra, nasceu em 1959 na capital paulista. É irmão de Francisco Leandro Bertoldo, Oficial de Justiça na Comarca de Itaquaquecetuba – SP.

Desde 1992 está casado com Daisy Menezes Bertoldo, funcionária do Tribunal de Justiça do Estado de São Paulo. Sua filha Beatriz Maciel Bertoldo é advogada em Mogi das Cruzes.

Formado pela Universidade de Mogi das Cruzes. Ingressou no judiciário em 1976, como auxiliar de escrevente. Trabalhou no Cartório Distribuidor e no Segundo Ofício Cível de Justiça, com sede em Mogi das Cruzes – SP. Assumiu o cargo de Escrevente Habilitado em 1980, Escrevente Judiciário em 1984, Chefe de Seção em 1992 e Oficial Maior em 2000. Podendo aposentar-se a partir de 2015.

Orientado pela colega Célia Regina de Souza Xavier, converteu-se ao cristianismo em 1986. Estudou com o professor Pedro B'ärg. Em 1987 foi batizado pelo Pr. Davi Marski na Igreja Adventista do Sétimo Dia.

Foi Secretário do Ministério Pessoal, Tesoureiro, Professor da Escola Sabatina, Promotor de Literatura, Professor da Classe de Visitas, Ancião e Coordenador de Classe Bíblica.

Em 2013-2014 cursou o EREM - Estudos em Religião e Escola Missionária, coordenada pelo Pr. Luiz Henrique Sena. Como Professor de Classe Bíblica, teve a satisfação de levar dezenas de almas ao santo batismo.

Tornou-se um prolifero escritor, com mais de 70 obras publicadas. Entre elas figuram pesquisas em Física, Matemática, Química e Teologia. Seu grande prazer é estar com os seus cachorros: Fofa, Pitucha, Calma, Mimo e Serena.

Leandro Bertoldo
O Estado dos Mortos

Prefácio

A maior parte da cristandade e todas as religiões pagãs – tanto antigas quanto modernas – ensinam que o homem possui uma alma imaterial e imortal, que permanece consciente, mesmo após a morte do corpo.

Essa crença chegou a contaminar todas as religiões do mundo porque nasceu no Jardim do Éden, quando "a serpente disse à mulher: Certamente não morrereis" (Gênesis 3:4).

Posteriormente, essa crendice deu origem ao espiritismo pagão antigo, conhecido como feitiçaria e infectou a cristandade, quando a Igreja passou a ser dirigida por filósofos gentios, que incorporaram no cristianismo alguns conceitos pagãos da filosofia grega platônica.

Em seu livro "República", Platão havia defendido a tese de que o homem era constituído por corpo e alma. Para esse filosofo, o corpo é corruptível e mortal, enquanto que a alma é imutável, eterna e divina. Porém, tal conceito não tem fundamento bíblico. Porém, o mais estarrecedor é que os cristãos modernos tentam justificar essa tradição de origem pagã forçando alguns versículos bíblicos a dizerem o que não estão realmente dizendo.

É evidente que a interpretação estrita de um versículo bíblico isolado sempre levará a conclusões limitadas e até mesmo equivocadas. Interpretar um texto bíblico isolado tão-só literalmente é interpretá-lo pela metade ou erradamente. É não extrair dele todo o seu potencial esclarecedor. É reduzir o texto bíblico a uma frase independente de todo o contexto bíblico, com um significado restrito que nele se completa e se restringe. Portanto, a interpretação correta e verdadeira jamais levará em consideração apenas versículos isolados, mas levará em consideração a totalidade das Escrituras Sagradas.

Ora, o conceito de uma alma imaterial, consciente e imortal nega totalmente o Plano da Salvação. Especialmente porque os defensores dessa suposição acreditam que Jesus Cristo morreu para salvar as imaginarias almas imortais para o céu. Porém, a Bíblia Sagrada esclarece que Jesus Cristo morreu, não com o propósito de salvar supostas almas imortais para o céu, mas para dar a vida eterna. Ora, se a suposta alma é imortal, então qual é a razão para dar a vida eterna àquilo que já vive para sempre?

Depois que absorveram o conceito pagão de uma alma imaterial que vive para sempre, os filósofos cristãos tiveram que inventar um lugar para coloca-las após a morte do corpo. Para tanto imaginaram que as almas das pessoas boas vão desfrutar a felicidade do céu e as almas das pessoas más vão para o castigo do inferno. Porém, se a pessoa fosse quase boa, então inventaram de mandar a sua alma para o castigo do purgatório. Entretanto, como essas supostas almas seriam eternas, então tiveram que imaginar que o inferno e, consequentemente, o castigo, também seriam eternos.

Mas, onde Jesus Cristo entraria em todas essas parafernálias filosóficas sem fundamento bíblico? Bem, Jesus Cristo teria morrido, não para dar a vida eterna, mas para salvar as almas do fogo eterno do inferno. Assim, sutilmente alteraram o verdadeiro objetivo do Plano da Salvação.

Da doutrina da imortalidade da alma nasceram outros conceitos abomináveis, tais como a canonização dos santos, mediação dos santos, missa pelos mortos e até mesmo a comunicação com os mortos. Verdadeiramente, um abismo clama a outro abismo.

O conceito de uma alma consciente e imortal que está no céu desfrutando a felicidade eterna é incompatível com o ensino bíblico de um juízo vindouro. Isso porque, se as almas foram recompensadas com o céu ou com o inferno, então qual é a razão de um juízo para julgá-las? Por acaso haverá alguma mudança de posição?

Leandro Bertoldo
O Estado dos Mortos

O conceito de uma alma consciente e imortal que vai para o céu ou para o fogo do inferno é incompatível com o ensino bíblico de que haverá ressurreição de justos e de injustos. Qual seria o proposito dessa ressurreição? Por acaso as almas sairiam do céu e do inferno para habitar o corpo ressuscitado?

O conceito de uma alma consciente e imortal que está na glória com Jesus Cristo é incompatível com o ensino bíblico de que Jesus Cristo voltará segunda vez a este mundo para ressuscitar os justos, dando-lhes a vida eterna para então poder leva-las ao céu por um período de mil anos.

Enfim, o conceito de imortalidade da alma é um absurdo ensino antibíblico. Primeiro porque não é doutrina bíblica. Segundo porque nega o verdadeiro sentido e propósito do Plano da Salvação. Terceiro porque não faz o menor sentido quando confrontada com as demais doutrinas bíblicas.

Pois bem. A presente obra demonstrará que conceito de uma alma imortal é um contrassenso. O que realmente existe é o conceito bíblico de uma alma corpórea e mortal, que perece e pode perecer para sempre. Esse conceito está em perfeita harmonia com o Plano da Salvação, além de fazer sentido com todas as demais doutrinas bíblicas.

A explicação apresentada nesta obra para esclarecer o estado dos mortos é simplesmente elegante. Pela expressão "elegante" estamos dizendo que a explicação é simples, clara, direta e objetiva e não entra em contradição com nenhuma doutrina bíblica. Não exigindo maiores explicações adicionais, além daquelas apresentadas pelas próprias Escrituras Sagradas.

Sem maiores delongas encerro o presente prefácio na esperança de que o leitor seja uma pessoa sincera e fiel à verdade bíblica. Lembre-se, "por causa do seu orgulho, o ímpio não investiga; todas as suas cogitações são: Não há Deus" (Salmos 10:4).

leandrobertoldo@ig.com.br

Leandro Bertoldo
O Estado dos Mortos

1. A Criação do Homem

No sexto dia da primeira semana da criação do mundo, Deus Pai, Filho e Espírito Santo, fizeram o homem conforme a Sua imagem e semelhança. Por essa razão o homem foi dotado do livre arbítrio e da razão, com capacidade para dominar sobre todas as coisas na Terra. "E disse Deus: Façamos o homem à nossa imagem, conforme à nossa semelhança; e domine sobre os peixes do mar, e sobre as aves dos céus, e sobre o gado, e sobre toda a terra, e sobre todo o réptil que se move sobre a terra. E criou Deus o homem à sua imagem; à imagem de Deus o criou; macho e fêmea os criou" (Gênesis 1:26-27).

Após fazer o homem e a mulher, Deus realizou o primeiro casamento abençoando-os e autorizando a procriação. Além disso, entregou-lhes o domínio do mundo: "E Deus os abençoou, e Deus lhes disse: Frutificai e multiplicai-vos, e enchei a terra, e sujeitai-a; e dominai sobre os peixes do mar, e sobre as aves dos céus, e sobre todo o animal que se move sobre a terra" (Gênesis 1:28).

Em seguida, Deus prescreveu aos primeiros habitantes do mundo as verduras e os frutos como mantimento. Portanto a dieta indicada por Deus para o homem era vegetariana: "E disse Deus: Eis que vos tenho dado toda a erva que dá semente, que está sobre a face de toda a terra; e toda a árvore, em que há fruto de árvore que dá semente, ser-vos-á para mantimento" (Gênesis 1:29).

O Senhor Deus plantou um lindo jardim no Éden para servir de lar para o jovem casal. Nesse jardim havia árvores majestosas e frutíferas. No meio do jardim havia duas árvores especiais: a árvore da vida e a árvore da ciência do bem e do mal. "E plantou o Senhor Deus um jardim no Éden, da banda do oriente: e pôs ali o homem que tinha formado. E o Senhor Deus fez brotar da terra toda a árvore agradável à vista, e boa para comida: e a árvore da vida no meio do jardim, e a árvore da ciência do bem e do mal" (Gênesis 2:8-9).

O homem tinha plena liberdade para comer livremente de todo "fruto de árvore que dá semente" (Gênesis 1:29), que foram preparados especialmente para o seu deleite. Porém, havia uma exceção. O homem não poderia comer da árvore da ciência do bem e do mal. Caso desobedecesse ao mandamento divino, passaria a ser mortal. Portanto, o homem poderia viver eternamente, mediante a simples condição de não comer do fruto da árvore da ciência do bem e do mal. "E ordenou o Senhor Deus ao homem, dizendo: De toda a árvore do jardim comerás livremente. Mas da árvore da ciência do bem e do mal, dela não comerás; porque no dia em que dela comeres, certamente morrerás" (Gênesis 2:16-17).

Foi nesse mandamento divino que o diabo encontrou ocasião para levar o homem a desobedecer a Deus. Para tanto empregou as armas da astúcia. **1º.** Escolheu a parte mais frágil do homem: a mulher. **2º.** Usou uma serpente como intermediária. **3º.** Negou abertamente a Palavra de Deus. **4º.** Insinuou que Deus estava escondendo deles os dons de discernimento entre o bem e o mal. Essas mentiras tinham um objetivo: levar o homem a desobedecer ao mandamento divino. "Então a serpente disse à mulher: Certamente não morrereis. Porque Deus sabe que no dia em que dele comerdes se abrirão os vossos olhos, e sereis como Deus, sabendo o bem e o mal" (Gênesis 3:4-5).

Com sua astúcia, a serpente conseguiu enganar a mulher, que comeu do fruto e ainda deu ao seu marido: "E vendo a mulher que aquela árvore era boa para se comer, e agradável aos olhos, e árvore desejável para dar entendimento, tomou do seu fruto, e comeu, e deu também a seu marido, e ele comeu com ela" (Gênesis 3:6).

Após desobedecer ao mandamento divino, a mulher reconheceu que fora enganada pela serpente: "E disse o Senhor Deus à mulher: Por que fizeste isto? E disse a mulher: A serpente me enganou, e eu comi" (Gênesis 3:13).

Por causa da desobediência do homem, a Terra foi amaldiçoada para que entrasse em harmonia com a queda do homem. "E a Adão disse: Porquanto deste ouvidos à voz de tua mulher, e comeste da árvore de que te ordenei, dizendo: Não comerás dela: maldita é a terra por causa de ti; com dor comerás dela todos os dias da tua vida" (Gênesis 3:17).

Como resultado da queda, o homem perdeu o direito de viver para sempre e tornou-se mortal. Como o homem foi feito da Terra, então ao morrer ele tornará à Terra. É significativo observar que o homem é apenas pó da Terra e com a sua morte ele tornará outra vez em pó. Quem prometeu a vida eterna mediante a desobediência foi a serpente. "No suor do teu rosto comerás o teu pão, até que te tornes à terra; porque dela foste tomado: porquanto és pó, e em pó te tornarás" (Gênesis 3:19).

Após desobedecer a Deus, o homem tornou-se maligno, passando a conhecer o bem e o mal. No meio do jardim, havia a árvore da vida, cujo fruto tinha a propriedade de perpetuar a existência. Caso o pecador comesse de seu fruto, ele se tornaria um pecador imortal. Então o Senhor Deus os expulsou do Jardim do Éden. "Então disse o Senhor Deus: Eis que o homem é como um de nós, sabendo o bem e o mal; ora, pois, para que não estenda a sua mão, e tome também da árvore da vida, e coma e viva eternamente. O Senhor Deus, pois, o lançou fora do jardim do Éden, para lavrar a terra de que fora tomado" (Gênesis 3:22-23).

Para guardar a árvore da vida, o Senhor colocou querubins no jardim do Éden. "E havendo lançado fora o homem, pôs querubins ao oriente do jardim do Éden, e uma espada inflamada que andava ao redor, para guardar o caminho da árvore da vida" (Gênesis 3:24).

2. Retorno ao Pó da Terra

O Senhor apresenta na Bíblia Sagrada o procedimento geral pelo qual fez o homem, empregando a Sua Sabedoria e o Seu grande poder. Ele modelou o homem do pó da Terra, conforme a Sua própria imagem e semelhança. Em seguida soprou em seus narizes o que é designado por fôlego da vida. Quando esses dois elementos reuniram-se ocorreu uma reação vital, e a matéria inorgânica transmudou-se em matéria orgânica e aquilo que até então era sem vida, tornou-se uma alma vivente: "E formou o Senhor Deus o homem do pó da terra, e soprou em seus narizes o fôlego da vida; e o homem foi feito alma vivente" (Gênesis 2:7).

Etimologicamente a palavra "alma" em hebraico é "nefech" e em grego é "psike". Essa palavra é frequentemente empregada nas Escrituras Sagradas para designar "pessoas", "vidas" e "seres vivos" etc.

O homem veio do barro da terra. Portanto, quando morre, ele simplesmente retorna para o lugar de onde veio. Por ter sido feito do pó da terra, ao morrer o homem transforma-se em pó. Ele não vai para o céu, nem para o inferno ou para o limbo, mas vai para o pó da Terra: "No suor do teu rosto comerás o teu pão, até que te tornes à terra; porque dela foste tomado: porquanto és pó, e em pó te tornarás" (Gênesis 3:19).

Quando morre, o homem decompõe-se em pó. Portanto, em harmonia com a Bíblia Sagrada, o morto não possui consciência, memória ou sentimentos de coisa alguma. Nem mesmo possuem qualquer participação nos eventos que ocorrem no mundo: "Porque os vivos sabem que hão de morrer, mas os mortos não sabem cousa nenhuma, nem tão pouco eles têm jamais recompensa, mas a sua memória ficou entregue ao esquecimento. Até o seu amor, o seu ódio, e a sua inveja já pereceram, e já não têm parte alguma neste século, em cousa alguma do que se faz debaixo do sol" (Eclesiastes 9:5-6).

Estando morto, o homem não pode mais realizar qualquer coisa. Na morte não existe obra, indústria, ciência ou sabedoria alguma: "Tudo quanto te vier à mão para fazer, faze-o conforme as tuas forças, porque na sepultura, para onde tu vais, não há obra, nem indústria, nem ciência, nem sabedoria alguma" (Eclesiastes 9:10).

Em conformidade com os ensinos bíblicos, os mortos não podem nem mesmo louvar a Deus. Em contraste, somente os vivos podem fazê-lo: "Porque não pode louvar-te a sepultura, nem a morte glorificar-te: nem esperarão em tua verdade os que descem à cova. Os vivos, os vivos, esses te louvarão como eu hoje faço: o pai aos filhos fará notória a tua verdade" (Isaías 38:18-19).

Em harmonia com as divinas revelações bíblicas, o salmista faz três perguntas que demonstram claramente que os mortos não possuem consciência de coisa alguma. Os mortos não são de nenhum proveito porque não podem louvar e muito menos anunciar a verdade divina: "Que proveito há no meu sangue, quando desço à cova? Porventura te louvará o pó? anunciará ele a tua verdade?" (Salmos 30:9).

Na morte os homens e os animais não possuem nenhuma vantagem uns sobre os outros. A Bíblia Sagrada revela que todos morrem do mesmo modo, todos possuem o mesmo fôlego de vida, todos retornam para o mesmo lugar e todos se transformam em pó: "Porque o que sucede aos filhos dos homens, isso mesmo também sucede aos animais; a mesma cousa lhes sucede: como morre um, assim morre o outro, todos têm o mesmo fôlego; e a vantagem dos homens sobre os animais não é nenhuma, porque todos são vaidade. Todos vão para um lugar: todos são pó, e todos ao pó tornarão" (Eclesiastes 3:19-20).

Em consonância com as Escrituras Sagradas, o patriarca Jó relembra que o Senhor formou o homem do barro da terra e que o homem tornará ao pó da terra: "Peço-te que te lembres de que como barro me formaste, e de que ao pó me farás tornar" (Jó 10:9). Portanto, nada de céu, nada de inferno, nada de purgatório, nada de limbo, mas somente o silêncio funesto do pó da terra.

Quando os homens perdem a sua respiração, eles morrem. Mas não vão para nenhum lugar que não seja o pó da terra, de onde vieram: "Escondes o teu rosto, e ficam perturbados: se lhes tiras a respiração, morrem, e voltam para o seu pó" (Salmos 104:29).

O Senhor Deus conhece a nossa estrutura. Ele sabe que somos frágeis porque somos constituídos pelos elementos do pó da terra: "Pois ele conhece a nossa estrutura; lembra-se de que somos pó" (Salmos 103:14).

Morrer é cessar de viver. Antes de ser criado, Adão não estava em lugar algum. Ele simplesmente não existia. Porém, ao morrer, deixou de existir. Portanto, morrer é cessar de existir. É simples assim! Os mortos meramente retornam ao pó da Terra, de onde originou a vida e a existência.

Porém, nem tudo está perdido. Existe esperança até mesmo para os mortos. A Palavra de Deus revela que eles voltarão a viver através de um processo conhecido pelo nome de ressurreição. Eles voltarão do pó da terra: "Os teus mortos viverão, os teus mortos ressuscitarão; despertai e exultai, os que habitais no pó, porque o teu orvalho será como o orvalho das ervas, e a terra lançará de si os mortos" (Isaías 26:19).

Ainda estando em harmonia com as Escrituras Sagradas, o profeta Daniel declara que os mortos estão dormindo, e que ressuscitarão a partir do pó da terra: "E muitos dos que dormem no pó da terra ressuscitarão uns para a vida eterna, e outros para vergonha e desprezo eterno" (Daniel 12:2).

3. A Morte e a Vida Eterna

A Bíblia Sagrada revela que o Senhor Deus modelou e formou o homem a partir do pó da terra. Porém, quando soprou em seus narizes o fôlego da vida, o homem tornou-se uma alma vivente. "E formou o Senhor Deus o homem do pó da terra, e soprou em seus narizes o fôlego da vida; e o homem foi feito alma vivente" (Gênesis 2:7).

A primeira coisa que podemos notar é que o Senhor Deus não pegou uma alma e a colocou dentro do homem. Mas o homem que até então era inerte foi transformado numa alma vivente. Ou seja, ele tornou-se um ser vivo com todas as suas faculdades em plena atividade.

Em harmonia com essa revelação bíblica, quando os homens cessam de respirar, eles morrem e voltam para o lugar de onde vieram – o pó da terra. "Escondes o teu rosto, e ficam perturbados: se lhes tiras a respiração, morrem, e voltam para o seu pó" (Salmos 104:29).

Por retornarem ao pó da terra, os mortos não estão conscientes de nenhuma coisa. Eles não estão lúcidos, não possuem memória, lembranças e até mesmo todas as suas emoções deixaram de existir juntamente com eles: "Porque os vivos sabem que hão de morrer, mas os mortos não sabem cousa nenhuma, nem tão pouco eles têm jamais recompensa, mas a sua memória ficou entregue ao esquecimento. Até o seu amor, o seu ódio, e a sua inveja já pereceram, e já não têm parte alguma neste século, em cousa alguma do que se faz debaixo do sol" (Eclesiastes 9:5-6).

Dentro do contexto bíblico, em perfeita harmonia com os ensinos das Escrituras Sagradas, verificamos que os mortos não possuem lembranças de coisa alguma. Eles nem mesmo lembram-se de Deus: "Porque na morte não há lembrança de ti; no sepulcro quem te louvará?" (Salmos 6:5).

Os mortos não podem mais louvar o Senhor Deus, simplesmente porque deixaram de existir. Quando morreram, os seus corpos desceram no silêncio da sepultura para decomporem-se em pó: "Os mortos não louvam ao Senhor, nem os que descem ao silêncio". "Porque na morte não há lembrança de ti; no sepulcro quem te louvará?" (Salmos 115:17; 6:5).

Os mortos cessam de viver e deixam de existir. Eles não estão vivos ou conscientes em nenhum lugar. Eles simplesmente foram decompostos e retornaram para o pó da terra.

Para muitos isso poderia parecer o fim de tudo. Porém, a Bíblia Sagrada ensina que existe esperança para os mortos. Todos os que creem em Jesus Cristo, mesmo que venham a morrer, voltarão a viver por meio de um processo chamado ressurreição: "Disse-lhe Jesus: Eu sou a ressurreição e a vida; quem crê em mim, ainda que esteja morto, viverá" (João 11:25).

Pelo fato do homem ser completamente mortal e não possuir nada consciente que sobreviva à sua própria morte, o Senhor Deus foi levado a enviar a este mundo o Seu Filho Unigênito. Assim, todas as pessoas que crerem em Jesus Cristo jamais morrerão para sempre. Mas, serão ressuscitados e receberão a vida eterna. "Porque Deus amou o mundo de tal maneira que deu o seu Filho unigênito, para que todo aquele que nele crê não pereça, mas tenha a vida eterna" (João 3:16).

Todos os que ouvem as Palavras de Jesus Cristo e creem em Deus, recebem a vida eterna e jamais serão condenados em juízo. Passam do estado mortal para o estado da vida eterna. "Na verdade, na verdade vos digo que quem ouve a minha palavra, e crê naquele que me enviou, tem a vida eterna, e não entrará em condenação, mas, passou da morte para a vida" (João 5:24).

Os homens não possuem uma alma imortal. Não possuem um espírito consciente após a morte do corpo. Os homens somente terão desfrutar da vida eterna caso venham a crer em Jesus Cristo. "Na verdade, na verdade vos digo que aquele que crê em mim tem a vida eterna" (João 6:47).

Por ser mortal e cessar de existir, o homem somente terá direito à vida eterna caso tenham o Filho de Deus. Todos aqueles que não tiverem o Filho de Deus também não terão direito à vida eterna: "Quem tem o Filho tem a vida: quem não tem o Filho de Deus não tem a vida" (I João 5:12).

É da vontade do Senhor Deus que todos aqueles que receberem a Jesus Cristo não se percam, mas que sejam ressuscitados no último dia da história deste mundo. A vontade de Deus é que aqueles que conhecem a Jesus Cristo e creem nEle tenham a vida eterna e que sejam ressuscitados no último dia: "E a vontade do Pai que me enviou é esta: que nenhum de todos aqueles que me deu se perca, mas que o ressuscite no último dia. Porquanto a vontade daquele que me enviou é esta: que todo aquele que vê o Filho, e crê nele tenha a vida eterna; e eu o ressuscitarei no último dia" (João 6:39-40).

Jesus Cristo é a nossa única salvaguarda. Quando Ele manifestar-se em Sua segunda vinda, então todos os crentes fiéis manifestarão com Ele em glória. Portanto, o crente não vai para a glória quando morre, mas somente quando Jesus retornar a este mundo em Sua segunda vinda e ressuscitar os fieis que estão no pó da terra. "Quando Cristo que é a nossa vida, se manifestar, então também vós vos manifestareis com ele em glória" (Colossenses 3:4).

4. O Sono da Morte

Pelo fato dos mortos não terem consciência de coisa alguma, a morte sempre foi comparada pelas Escrituras Sagradas como sendo um profundo sono absoluto.

Em estado de sono não temos consciência de coisa alguma do que acontece ao nosso redor. Perdemos totalmente a noção de tempo e evento. O próprio Senhor Jesus Cristo comparou a morte a um sono: "Assim falou; e depois disse-lhes: Lázaro, o nosso amigo, dorme, mas vou despertá-lo do sono. Disseram pois os seus discípulos: Senhor, se dorme, estará salvo. Mas Jesus dizia isto da sua morte; eles, porém, cuidavam que falava do repouso do sono. Então Jesus disse-lhes claramente: Lázaro está morto" (João 11:11-14).

A Bíblia Sagrada compara a morte a um profundo estado de sono porque "os mortos não sabem cousa nenhuma... Até o seu amor, o seu ódio, e a sua inveja já pereceram" (Eclesiastes 9:5-6). Conhecedor dessa situação, o salmista clamava para que Deus não o deixasse adormecer na morte: "Atenta em mim, ouve-me, ó Senhor meu Deus; alumia os meus olhos para que eu não adormeça na morte" (Salmos 13:3).

A Bíblia Sagrada apresenta dezenas de exemplos, onde podemos constatar facilmente que a morte sempre foi compreendida como sendo um sono absoluto.

1º. O rei Salomão dormiu e foi sepultado na cidade de Davi: "E dormiu Salomão com seus pais, e o sepultaram na cidade de Davi seu pai: e Roboão, seu filho, reinou em seu lugar" (II Crônicas 9:31).

2º. O rei Acaz dormiu e foi sepultado em Jerusalém: "E dormiu Acaz com seus pais, e o sepultaram na cidade, em Jerusalém, porém não o puseram nos sepulcros dos reis de

Israel: e Ezequias, seu filho, reinou em seu lugar" (II Crônicas 28:27).

3°. O rei Ezequias dormiu e foi sepultado no mais alto dos sepulcros: "E dormiu Ezequias com seus pais, e o sepultaram no mais alto dos sepulcros dos filhos de Davi; e todo o Judá e os habitantes de Jerusalém lhe fizeram honras na sua morte: e Manassés, seu filho, reinou em seu lugar" (II Crônicas 32:33).

Quando o homem morre, ele deixa de viver e cessa de existir. Isso ocorre porque ele retorna para o pó da terra. Nessas condições, também cessam de existir todas as suas faculdades e predicados. A situação do morto é semelhante àquela em que ele se encontrava antes de sua concepção e nascimento: "Como um pai se compadece de seus filhos assim o Senhor se compadece daqueles que o temem. Pois ele conhece a nossa estrutura; lembra-se de que somos pó" (Salmos 103:13-14).

Aqueles que morrem cessam de existir, razão pela qual já não são mais: "Poupa-me, até que tome alento, antes que me vá, e não seja mais" (Salmos 39:13).

Os homens são carne porque foram feitos do pó da terra. Suas vidas são tão breves que são comparadas a um vento que passa e não retorna, simplesmente porque quando morrem cessam de existir: "Porque se lembrou de que eram carne, um vento que passa e não volta" (Salmos 78:39).

Aquele que morre é comparado como uma nuvem que se desfaz e desaparece. O morto nunca mais tornará a voltar para a sua casa. "Tal como a nuvem se desfaz e passa, aquele que desce à sepultura nunca tornará a subir. Nunca mais tornará à sua casa, nem o seu lugar jamais o conhecerá" (Jó 7:9-10).

Aquele que morre é comparado como as águas que se retiram do mar ou a um rio que fica seco. Pelo fato da morte ser um sono, o morto não acordará nem se erguerá de seu sono no pó da terra enquanto houver céus. "Como as águas se retiram do mar, e o rio se esgota, e fica seco. Assim o homem se deita, e não se levanta; até que não haja mais céus não acordará nem se erguerá de seu sono" (Jó 14:11-12).

Apesar da situação do homem parecer desanimadora e até mesmo desesperadora, a verdade é que existe uma solução inédita para o problema da morte. Essa solução é Cristo, o único elixir da vida eterna dada por Deus à humanidade. Quem tomar desse elixir jamais perecerá eternamente.

Não devemos ser ignorantes a respeito da situação daqueles que estão mortos, porque Deus os despertará do sono da morte e tornará a trazê-los de volta à vida: "Não quero, porém, irmãos, que sejais ignorantes acerca dos que já dormem, para que não vos entristeçais, como os demais, que não têm esperança. Porque, se cremos que Jesus morreu e ressuscitou, assim também aos que em Jesus dormem Deus os tornará a trazer com ele" (I Tessalonicenses 4:13-14).

A ressurreição dos mortos ocorrerá no último dia, quando Jesus Cristo retornar a este mundo. Então todos aqueles que morreram em Cristo serão despertados do sono da morte e ressuscitados incorruptíveis e imortais. Naquela ocasião, os crentes que estiverem vivos, serão transformados para que também possam ser incorruptíveis e imortais: "Eis aqui vos digo um mistério: Na verdade, nem todos dormiremos, mas todos seremos transformados. Num momento, num abrir e fechar de olhos, ante a última trombeta; porque a trombeta soará, e os mortos ressuscitarão incorruptíveis, e nós seremos transformados. Porque convém que isto que é corruptível se revista da incorruptibilidade, e que isto que é mortal se revista da imortalidade" (I Coríntios 15:51-53).

5. Mortalidade do Homem

As Escrituras Sagradas revelam claramente que o homem foi criado para viver para sempre, mediante a simples condição de obediência. Ele simplesmente não deveria comer do fruto da árvore da ciência do bem e do mal. Porém, o homem tornou-se mortal quando preferiu escolher acreditar nas palavras da serpente do que acreditar na palavra de Deus, desobedecendo ao Seu mandamento.

A Bíblia Sagrada é muito explicita em revelar como o homem foi formado por Deus. Nota-se claramente que o Senhor realizou dois procedimentos fundamentais que tornaram o homem um ser vivente.

Primeiro, o Senhor Deus moldou o homem do pó da terra. Segundo, o Senhor Deus soprou nos narizes do homem o fôlego da vida. Quando esses dois elementos entremearam-se o homem tornou-se uma alma vivente. "E formou o Senhor Deus o homem do pó da terra, e soprou em seus narizes o fôlego da vida; e o homem foi feito alma vivente" (Gênesis 2:7).

Então é evidente que, quando o homem morre, deve ocorrer o processo inverso. De fato, a Bíblia Sagrada revela que na morte acontece a separação entre o pó da terra e o fôlego da vida. Destarte, o corpo volta para o pó terra e o fôlego da vida volta para o Senhor Deus. "E o pó volte à terra, como o era, e o espírito volte a Deus, que o deu" (Eclesiastes 12:7).

Em hebraico a palavra "espírito" é "nechama" ou "ruah" e em grego é "pneuma", que etimologicamente significa vento, sopro, folego, alento etc. Ela é empregada nas Escrituras Sagradas, com diversos significados. Porém, nenhum deles revela que o homem possui qualquer coisa consciente que sobrevive à morte do corpo.

A Bíblia Sagrada revela explicitamente que o homem é mortal: "Que é o homem mortal para que te lembres dele? e o filho do homem, para que o visites?" (Salmos 8:4).

Sobre a insignificância da constituição do homem, a Bíblia Sagrada revela que ele é mortal e que por fim se tornará em feno: "Eu, eu sou aquele que vos consola; quem pois és tu, para que temas o homem, que é mortal, ou o filho do homem que se tornará em feno?" (Isaías 51:12).

"Os vivos sabem que hão de morrer, mas os mortos não sabem cousa nenhuma" (Eclesiastes 9:5). No mundo natural, todos os seres vivos terão que enfrentar a morte. Ninguém poderá escapar do seu indesejado poder. Não existe nenhum ser humano que possa livrar a sua vida do poder do mundo silencioso dos mortos: "Que homem há, que viva, e não veja a morte? ou que livre a sua alma do poder do mundo invisível?" (Salmos 89:48).

O homem não é imortal, tampouco possui uma alma imortal ou um espírito consciente. Somente Deus é imortal e invisível aos olhos dos pecadores: "Ora ao Rei dos séculos, imortal, invisível, ao único Deus seja honra e glória para todo o sempre. Amém" (I Timóteo 1:17).

Nenhuma criatura possui imortalidade inerente. Somente Deus possui imortalidade, e ninguém mais. "Aquele que tem, ele só, a imortalidade, e habita na luz inacessível; a quem nenhum dos homens viu nem pode ver: ao qual seja honra e poder sempiterno. Amém" (I Timóteo 6:16).

Quando o homem rende o espírito (sopro de vida), ele cessa de existir e não está em nenhum lugar porque "se lhes tiras a respiração, morrem, e voltam para o seu pó" (Salmos 104:29). Aqueles que morrem são como um rio que se esgota e fica seco. Do mesmo modo, o homem morre e retorna para o pó da terra. Ele não acordará de seu sono mortal até que não haja mais céus: "Mas, morto o homem, é consumido; sim, rendendo o homem o espírito, então onde está? Como as águas se retiram do mar, e o rio se esgota, e fica seco. Assim o homem se deita, e não se levanta; até que não haja mais céus não acordará nem se erguerá de seu sono" (Jó 14:10-12).

Quando o homem morre, sai-lhe o espírito (fôlego da vida) e retorna ao pó da terra, de onde originalmente foi formado. No exato instante de sua morte também perecem todos os seus pensamentos, "até o seu amor, o seu ódio, e a sua inveja já pereceram" (Eclesiastes 9:6). Portanto, para o morto "não há obra, nem indústria, nem ciência, nem sabedoria alguma" (Eclesiastes 9:10). "Sai-lhes o espírito, e eles tornam-se em sua terra: naquele mesmo dia perecem os seus pensamentos" (Salmos 146:4).

Ninguém poderá livrar a sua vida do poder da morte, simplesmente porque ninguém tem poder para reter o espírito (fôlego da vida) nem mesmo possui poder sobre o dia da morte. Não existe no mundo nenhuma arma que possa enfrentar e vencer a morte. "Nenhum homem há que tenha domínio sobre o espírito, para reter o espírito; nem tem poder sobre o dia da morte; nem há armas nesta peleja: nem tão pouco a impiedade livrará aos ímpios" (Eclesiastes 8:8).

Devido ao pecado dos nossos primeiros pais no Jardim do Éden, todos nós herdamos um corpo mortal. "Não reine, portanto o pecado em vosso corpo mortal, para lhe obedecerdes em suas concupiscências" (Romanos 6:12).

Embora nos dia de hoje o nosso corpo seja corruptível e mortal, chegará o dia em que ele será revestido de incorruptibilidade e imortalidade. Então a morte cessará de existir para sempre. "Porque convém que isto que é corruptível se revista da incorruptibilidade, e que isto que é mortal se revista da imortalidade. E, quando isto que é corruptível se revestir da incorruptibilidade, e isto que é mortal se revestir da imortalidade, então cumprir-se-á a palavra que está escrita: Tragada foi a morte na vitória" (I Coríntios 15:53-54).

6. O Estado dos Mortos

Enquanto estiver morto, o homem simplesmente não existe mais. Ele não pensa, não raciocina e nada sabe. Ele não tem sentimentos e nem sente emoções. Ele não ouve e nem se comunica por qualquer meio. Portanto, o morto não pode exercer nenhuma influência sobre os vivos ou sobre qualquer coisa existente no Universo.

Somente os vivos, por possuírem consciência, sabem que há de morrer. Os mortos, por não possuírem consciência, não sabem de coisa alguma. Quando a pessoa morre, também perece com ela os seus pensamentos, os seus sentimentos de amor, de ódio, e inveja etc. "Porque os vivos sabem que hão de morrer, mas os mortos não sabem cousa nenhuma, nem tão pouco eles têm jamais recompensa, mas a sua memória ficou entregue ao esquecimento. Até o seu amor, o seu ódio, e a sua inveja já pereceram, e já não têm parte alguma neste século, em cousa alguma do que se faz debaixo do sol" (Eclesiastes 9:5-6).

Como "os vivos sabem que hão de morrer" e "os mortos não sabem cousa nenhuma", então "tudo quanto te vier à mão para fazer, faze-o conforme as tuas forças, porque na sepultura, para onde tu vais, não há obra, nem indústria, nem ciência, nem sabedoria alguma" (Eclesiastes 9:10).

O morto encontra-se em total estado de inconsciência. No pó da terra o morto está impossibilitado de louvar a Deus. Enquanto permanecer morto, o homem não pode glorificar a Deus e nem pode conhecer qualquer verdade divina. Em contraste com os mortos, a Bíblia Sagrada expõe que os vivos louvam a Deus. Que o pai fará conhecidas as verdades divinas aos seus filhos. "Porque não pode louvar-te a sepultura, nem a morte glorificar-te: nem esperarão em tua verdade os que descem à cova. Os vivos, os vivos, esses te louvarão como eu hoje faço: o pai aos filhos fará notória a tua verdade" (Isaías 38:18-19).

Quando o homem morre é natural que o seu corpo venha a decompor-se em pó. A salmista faz algumas perguntas, onde é evidente que o pó não pode louvar a Deus, nem anunciar a verdade divina a outros. "Que proveito há no meu sangue, quando desço à cova? Porventura te louvará o pó? anunciará ele a tua verdade?" (Salmos 30:9).

Os mortos não estão na glória louvando a Deus, haja vista que eles não possuem nem mesmo lembrança da existência de Deus: "Porque na morte não há lembrança de ti; no sepulcro quem te louvará?" (Salmos 6:5).

Por já não existirem, os mortos não louvam ao Senhor, nem mesmo os que descem ao silêncio da sepultura. "Os mortos não louvam ao Senhor, nem os que descem ao silêncio" (Salmos 115:17).

Todos os seres vivos morrem do mesmo modo, haja vista que tanto os homens quanto os animais possuem o mesmo fôlego de vida. Ao morrer, os homens não possuem nenhuma vantagem sobre os animais. Todos vão para o mesmo lugar, porque todos tornarão ao pó da terra. "Porque o que sucede aos filhos dos homens, isso mesmo também sucede aos animais; a mesma cousa lhes sucede: como morre um, assim morre o outro, todos têm o mesmo fôlego; e a vantagem dos homens sobre os animais não é nenhuma, porque todos são vaidade. Todos vão para um lugar: todos são pó, e todos ao pó tornarão" (Eclesiastes 3:19-20).

A vida do homem chegará ao fim. Eles não permanecerão vivos para sempre. São semelhantes a qualquer animal que perece. "Todavia o homem que está em honra não permanece; antes é como os animais que perecem" (Salmos 49:12).

Os vivos são comparados como uma nuvem que passa e se dissipa para nunca mais retornar. Aquele que morre jamais tornará a subir de sua sepultura, nem mesmo retornar para a sua casa. "Tal como a nuvem se desfaz e passa, aquele que desce à sepultura nunca tornará a subir. Nunca mais tornará à sua casa, nem o seu lugar jamais o conhecerá" (Jó 7:9-10).

Quando o homem morre, ele é totalmente consumido. Portanto, ao render o seu espírito – fôlego da vida – ele não está em lugar algum. Quando o homem morre é como as águas que se retiram do mar, é como o rio que esgota e fica seco. Enquanto houver céu, o morto jamais se levantará do pó da terra. "Mas, morto o homem, é consumido; sim, rendendo o homem o espírito, então onde está? Como as águas se retiram do mar, e o rio se esgota, e fica seco. Assim o homem se deita, e não se levanta; até que não haja mais céus não acordará nem se erguerá de seu sono" (Jó 14:10-12).

A morte é a mais implacável inimiga da vida. Ela não perdoa nenhum ser vivo. Apesar de cavalgar solta pelo planeta, um dia será dado um fim em sua existência: "Ora o último inimigo que há de ser aniquilado é a morte" (I Coríntios 15:26).

A morte deixará de existir por toda eternidade. Nunca mais haverá a morte de qualquer ser vivo: "Aniquilará a morte para sempre, e assim enxugará o Senhor Jeová as lágrimas de todos os rostos, e tirará o opróbrio do seu povo de toda a terra; porque o Senhor o disse" (Isaías 25:8).

7. O Espírito de Vida

A Bíblia Sagrada emprega várias vezes a palavra "espírito de vida" para referir-se ao "fôlego de vida". Essas duas expressões são intercambiáveis porque no hebraico a palavra "espírito" é "nechama" ou "ruah", e em grego é "pneuma". Etimologicamente, essas duas palavras significam fôlego, vento, sopro etc.

Para produzir uma "alma vivente", o Senhor Deus teve que realizar dois processos. Primeiro, formou o homem do pó da terra. Segundo, soprou nos narizes desse homem o fôlego da vida. Então, somente então, é que o homem tornou-se uma alma vivente. "E formou o Senhor Deus o homem do pó da terra, e soprou em seus narizes o fôlego da vida; e o homem foi feito alma vivente" (Gênesis 2:7).

A "alma vivente" é composta pela justaposição do corpo de barro da terra com o fôlego da vida. Esses dois elementos associados conservam a sua integridade. Deste modo, quando o homem morre, a sua alma cessa de existir. Nessas circunstâncias, o "fôlego da vida" ou "espírito de vida" separa-se do corpo, que torna ao pó da terra. "Sai-lhes o espírito, e eles tornam-se em sua terra: naquele mesmo dia perecem os seus pensamentos" (Salmos 146:4).

Todos os seres vivos que respiram – tanto homens como animais – possuem o mesmo "fôlego da vida", ou seja, o mesmo "espírito de vida". "Porque eis que eu trago um dilúvio de águas sobre a terra, para desfazer toda a carne em que há espírito de vida debaixo dos céus: tudo o que há na terra expirará" (Gênesis 6:17).

Toda carne (corpo) em que há fôlego da vida (espírito de vida) é uma alma vivente (ser vivo). "E de toda a carne, em que havia espírito de vida, entraram de dois em dois para Noé na arca" (Gênesis 7:15).

O espírito está relacionado com fôlego e narizes pelo fato do Senhor Deus ter originalmente soprado nos narizes do homem o fôlego da vida. "Tudo o que tinha fôlego de espírito de vida em seus narizes, tudo o que havia no seco, morreu" (Gênesis 7:22).

Tanto os homens quanto os animais possuem o mesmo fôlego da vida, morrem do mesmo modo e todos tornarão ao pó da terra. "Porque o que sucede aos filhos dos homens, isso mesmo também sucede aos animais; a mesma cousa lhes sucede: como morre um, assim morre o outro, todos tem o mesmo fôlego; e a vantagem dos homens sobre os animais não é nenhuma, porque todos são vaidade. Todos vão para um lugar: todos são pó, e todos ao pó tornarão" (Eclesiastes 3:19-20).

A alma foi formada pela composição do pó da terra com o fôlego da vida (Gênesis 2:7). Portanto, quando o homem morre ocorre o processo inverso: o fôlego da vida separa-se do pó da terra. Deste modo, "o pó volte à terra, como o era, e o espírito volte a Deus, que o deu" (Eclesiastes 12:7). Não esqueça que nesse contexto a palavra espírito significa fôlego.

A Bíblia Sagrada revela que o homem não tem poder sobre a morte. Ele não tem poder para reter o seu fôlego de vida, ou seja, não tem poder para reter o seu espírito. Não existe nada no mundo natural que possa livrar o homem do poder da morte. "Nenhum homem há que tenha domínio sobre o espírito, para reter o espírito; nem tem poder sobre o dia da morte; nem há armas nesta peleja: nem tão pouco a impiedade livrará aos ímpios" (Eclesiastes 8:8).

Quando o homem morre, também morrem com ele todos os seus pensamentos (Salmos 146:4) e os seus sentimentos (Eclesiastes 9:6). Portanto, o espírito (fôlego) não possui consciência de coisa alguma. Ao render o seu espírito (fôlego), o homem deixa de existir, e não se levantará do pó da terra até que não haja mais céus: "Mas, morto o homem, e consumido; sim, rendendo o homem o espírito, então onde está? Como as águas se retiram do mar, e o rio se esgota, e fica seco. Assim o homem se deita, e não se levanta; até que não haja mais céus não acordará nem se erguerá de seu sono" (Jó 14:10-12).

O espírito por ser o próprio fôlego da vida não possui consciência de coisa alguma. Quando a alma cessa de existir com a morte dos seres vivos, o corpo volta ao pó da terra e o espírito (fôlego da vida) retorna para Deus (Eclesiastes 12:7), que originalmente o soprou nos narizes do homem (Gênesis 2:7). Assim, o homem deixa de existir no Universo. "Tal como a nuvem se desfaz e passa, aquele que desce à sepultura nunca tornará a subir. Nunca mais tornará à sua casa, nem o seu lugar jamais o conhecerá" (Jó 7:9-10).

Porém, nem tudo está perdido para a humanidade. A Bíblia Sagrada revela que Deus nos ama de tal modo que Jesus Cristo veio ao mundo para receber o salário do pecado, morrendo em nosso lugar. "Mas Deus prova o seu amor para conosco, em que Cristo morreu por nós, sendo nós ainda pecadores" (Romanos 5: 8).

Deus ama o mundo com tanta intensidade e desvelo que entregou o Seu Filho para morrer pelos nossos pecados. Desse modo, todos aqueles que crerem no Filho de Deus jamais perecerão eternamente. Todos que crerem no Filho de Deus, ainda que venham a morrer, serão ressuscitados e receberão a vida eterna. Porém, aqueles que não aceitarem o Filho de Deus perecerão eternamente, e jamais receberão a vida eterna. "Porque Deus amou o mundo de tal maneira que deu o seu Filho unigênito, para que todo aquele que nele crê não pereça, mas tenha a vida eterna" (João 3:16).

8. Significados de Espírito

Biblicamente palavra "espírito" em sua etimologia hebraica – "nechama" ou "ruah" – significa "fôlego". Porém, na língua viva de qualquer nação do mundo, as palavras sofrem alterações de significados com o passar do tempo.

Destarte, a palavra "espírito" também passou a incorporar vários outros significados. Apesar disso, é significativo observar que, na Bíblia Sagrada, a palavra "espírito" jamais significou uma entidade "consciente" emanada do corpo morto.

Quando o homem morre, ele rende o espírito – ruah – que é o fôlego de vida, o qual retorna para Deus (Eclesiastes 12:7). Portanto, quanto o homem rende o seu espírito, a sua consciência cessa de existir e não está em lugar algum. "Mas, morto o homem, é consumido; sim, rendendo o homem o espírito, então onde está?" (Jó 14:10).

Uma heresia que corre o mundo há séculos ensina que o espírito é uma entidade consciente que sobrevive à morte do corpo. Porém, essa doutrina não tem fundamento bíblico. Além disso, tal doutrina nega as boas novas de salvação: que Cristo morreu "para que todo aquele que nele crê não pereça, mas tenha a vida eterna" (João 3:16).

Quando a vida originou-se na Terra, o corpo recebeu de Deus o "fôlego da vida", também conhecido como "espírito de vida". Destarte, quando o homem morre, o espírito de vida separa-se do corpo e retorna a Deus. Enquanto que o corpo morto decompõe-se e retorna ao pó da terra. "Sai-lhes o espírito, e eles tornam-se em sua terra: naquele mesmo dia perecem os seus pensamentos" (Salmos 146:4).

Evidentemente, um corpo sem fôlego está morto: "Porque, assim como o corpo sem o espírito está morto, assim também a fé sem obras é morta" (Tiago 2:26).

Biblicamente, a palavra espírito não tem apenas o significado etimológico de fôlego, sopro, vento. Mas, possui muitas outras aplicações:

1ª. É aplicada à divindade: "E a terra era sem forma e vazia; e havia trevas sobre a face do abismo; e o Espírito de Deus se movia sobre a face das águas" (Gênesis 1:2). "O Espírito de Deus me fez; e a inspiração do Todo-Poderoso me deu vida" (Jó 33:4). "Deus é Espírito, e importa que os que o adoram o adorem em espírito e em verdade" (João 4:24).

2ª. É aplicada para designar os anjos. Ela revela que os anjos da guarda são espíritos ministradores enviados para servir aqueles que herdarão a salvação. "E a qual dos anjos disse jamais: Assenta-te à minha destra até que ponha a teus inimigos por escabelo de teus pés? Não são porventura todos eles espíritos ministradores, enviados para servir a favor daqueles que hão de herdar a salvação?" (Hebreus 1:13-14).

3ª. Como os demônios são anjos caídos, então as Escrituras Sagradas empregam a palavra espírito para designar os demônios: "Porque são espíritos de demônios, que fazem prodígios; os quais vão ao encontro dos reis de todo o mundo, para os congregar para a batalha, naquele grande dia do Deus Todo-poderoso" (Apocalipse 16:14).

A palavra "espírito" não é aplicada somente para designar o fôlego de vida, a divindade, os anjos ou demônios. Ela também é empregada para designar o estado de ânimo das pessoas.

Primeiro exemplo: o estado de ânimo (espírito) de Sansão retornou e reviveu quando ele saciou a sua sede. "Então o Senhor fendeu a caverna que estava em Lequi; e saiu dela água, e bebeu; e o seu espírito tornou, e reviveu: pelo que chamou o seu nome: A fonte do que clama, a qual está em Lequi até ao dia de hoje" (Juízes 15:19).

Segundo exemplo: o estado de ânimo (espírito) do moço egípcio voltou quando ele saciou a sua fome. "Deram-lhe também um pedaço de massa de figos secos e dois cachos de passas, e comeu, e voltou-lhe o seu espírito, porque havia três dias e três noites que não tinha comido pão nem bebido água" (I Samuel 30:12).

Terceiro exemplo: o estado de ânimo (espírito) abatido é suficiente para que o Senhor possa habitar com o contrito. "Porque assim diz o alto e o sublime, que habita na eternidade, e cujo nome é santo: Num alto e santo lugar habito, e também com o contrito e abatido de espírito, para vivificar o espírito dos abatidos, e para vivificar o coração dos contritos" (Isaías 57:15).

Quarto exemplo: todos devem servir ao Senhor com um mesmo estado de ânimo (espírito). "Porque então darei lábios puros aos povos, para que todos invoquem o nome do Senhor, para que o sirvam com um mesmo espírito" (Sofonias 3:9).

Quinto exemplo: o apóstolo Paulo revelou a espécie de estado de ânimo (espírito) que ele poderia ter para com a igreja de Coríntio. "Que quereis? Irei ter convosco com vara ou com amor e espírito de mansidão?" (I Coríntios 4:21).

Nas Escrituras Sagradas, a palavra "espírito" possui vários significados. Porém, é importante frisar que a referida palavra jamais teve o significado de uma entidade que sobrevive à morte do corpo e permanece consciente. Tal conceito não é bíblico, mas de origem pagã. Foi incorporado nos primeiros séculos do cristianismo pela influência da filosofia grega.

O conceito de um espírito consciente encontra-se entremeado em todas as religiões pagãs orientais que ainda existem no mundo, como o Budismo, Hinduísmo, Jainismo, Xintoísmo etc. Na realidade esse conceito nasceu no Jardim do Éden, quando "a serpente disse à mulher: Certamente não morrereis" (Gênesis 3:4).

9. O Fôlego da Vida

O fôlego da vida é elemento que foi unido ao corpo para torna-lo uma alma vivente. O fôlego da vida também é definido nas Escrituras Sagradas como sendo o "espírito da vida" (Gênesis 6:17; 7:15, 22; Ezequiel 10:17; Apocalipse 11:11). Isso ocorre porque no hebraico a palavra "espírito" é "nechama" ou "ruah", e em grego é "pneuma". Etimologicamente, essas duas palavras significam sopro, fôlego, vento etc.

O fôlego da vida foi dado ao homem pelo Senhor Deus, para torna-lo uma alma vivente: "E formou o Senhor Deus o homem do pó da terra, e soprou em seus narizes o fôlego da vida; e o homem foi feito alma vivente" (Gênesis 2:7). Deste modo, quando o homem morre, é natural que o processo inverso ocorra. Ou seja, o "fôlego da vida", também chamado de "espírito de vida" ou simplesmente de "espírito", retorne para quem de direito. Observe o que diz a Bíblia Sagrada: "E o pó volte à terra, como o era, e o espírito volte a Deus, que o deu" (Eclesiastes 12:7).

O homem foi feito por Deus Pai, Filho e Espírito Santo. Por essa razão, está escrito que "O Espírito de Deus me fez; e a inspiração do Todo-Poderoso me deu vida" (Jó 33:4). Esse versículo revela os três elementos da criação do homem:

1º. "E formou o Senhor Deus o homem do pó da terra" (Gênesis 2:7). "O Espírito de Deus me fez" (Jó 33:4).

2º. "E soprou em seus narizes o fôlego da vida" (Gênesis 2:7). "A inspiração do Todo-Poderoso" (Jó 33:4).

3º. "E o homem foi feito alma vivente" (Gênesis 2:7). "Me deu vida" (Jó 33:4).

Além de ser designado como "espírito da vida", o "fôlego da vida" também é designado biblicamente por "inspiração", que significa fôlego, bafo, hálito, respiração, sopro.

O fôlego da vida também é chamado por sopro de Deus: "Enquanto em mim houver alento, e o sopro de Deus no meu nariz. Não falarão os meus lábios iniquidade, nem a minha língua pronunciará engano" (Jó 27:3-4).

Todos os seres vivos, desde os menores até aos maiores animais possuem o fôlego da vida, também chamado por espírito de vida: "E expirou toda a carne que se movia sobre a terra, tanto de ave como de gado e de feras, e de todo o réptil que se roja sobre a terra, e todo o homem. Tudo o que tinha fôlego de espírito de vida em seus narizes, tudo o que havia no seco, morreu" (Gênesis 7:21-22).

Tanto os homens quanto os animais receberam do Senhor Deus o mesmo fôlego da vida: "Porque o que sucede aos filhos dos homens, isso mesmo também sucede aos animais; a mesma cousa lhes sucede: como morre um, assim morre o outro, todos têm o mesmo fôlego; e a vantagem dos homens sobre os animais não é nenhuma, porque todos são vaidade" (Eclesiastes 3:19).

O que mantém os homens e os animais em vida é o fôlego da vida. Desse modo quando os seres vivos cessam de respirar, eles morrem. "Escondes o teu rosto, e ficam perturbados: se lhes tiras a respiração, morrem, e voltam para o seu pó" (Salmos 104:29).

Os homens morrem como todos os animais. "Todavia o homem que está em honra não permanece; antes é como os animais que perecem" (Salmos 49:12). Todos os homens morrem do mesmo modo como os animais morrem: "como morre um, assim morre o outro, todos têm o mesmo fôlego" (Eclesiastes 3:19).

Todos vivos perecem igualmente. Tanto o sábio quanto o tolo morrem sem nenhuma vantagem: "Porque nunca haverá mais lembrança do sábio do que do tolo; porquanto de tudo nos dias futuros total esquecimento haverá. E como morre o sábio, assim morre o tolo!" (Eclesiastes 2:16).

A morte não faz distinção de pessoas. Ela atinge a todos independentemente da idade, vigor, santidade, felicidade, bondade, religião, poder, influência, sabedoria, raça, classes sociais etc. Todos voltarão ao pó da terra e servirão de alimento aos bichos. "Um morre na força da sua plenitude, estando todo quieto e sossegado. E outro morre, ao contrário, na amargura do seu coração, não havendo provado do bem. Juntamente jazem no pó, e os bichos os cobrem" (Jó 21:23, 25-26).

A única esperança do crente é o Senhor Deus. Ele é a fonte da salvação. Somente em Deus está a solução para o problema da morte porque a Ele pertence às saídas da morte. "O nosso Deus é o Deus da salvação; e a Jeová, o Senhor, pertencem as saídas da morte" (Salmos 68:20).

O Senhor Deus não tem nenhum prazer na morte do homem. Por pior que seja o homem, ainda assim, o Senhor Deus não deseja a sua morte. O que o Senhor deseja de todos os homens é que eles convertam-se à verdade, e possam receber a vida eterna. "Porque não tomo prazer na morte do que morre, diz o Senhor Jeová: convertei-vos, pois, e vivei" (Ezequiel 18:32).

10. Sobre a Alma

Antes de ser criado, o homem não existia em lugar algum. Foi então que o Senhor Deus resolveu fazer o homem conforme a Sua própria imagem e semelhança, empregando os elementos existentes: "E disse Deus: Façamos o homem à nossa imagem, conforme à nossa semelhança; e domine sobre os peixes do mar, e sobre as aves dos céus, e sobre o gado, e sobre toda a terra, e sobre todo o réptil que se move sobre a terra" (Gênesis 1:26).

Para fazer o homem, o Senhor Deus moldou, a partir do pó da terra, uma figura à Sua semelhança. Em seguindo soprou nos seus narizes o fôlego da vida, então aquela figura tornou-se uma alma vivente. "E formou o Senhor Deus o homem do pó da terra, e soprou em seus narizes o fôlego da vida; e o homem foi feito alma vivente" (Gênesis 2:7). Note que não foi colocada no corpo uma alma. Portanto, o homem não possui uma alma imaterial, consciente e imortal. Porém, enquanto estiver vivo, o próprio homem é uma alma.

Em hebraico a palavra "alma" é oriunda de "nefech" e em grego é "psike". Ela é frequentemente empregada nas Escrituras Sagradas, com o sentido de "pessoa" ou "vida". Apesar disso, a cristandade e o paganismo ensinam que a alma é uma entidade consciente que sobrevive à morte do corpo. Porém, tal ensino não tem o respaldo das Escrituras Sagradas.

O homem não é o único a ser vivo que é uma alma, mas os répteis, peixes e aves também são almas. "E disse Deus: Produzam as águas abundantemente répteis de alma vivente; e voem as aves sobre a face da expansão dos céus. E Deus criou as grandes baleias, e todo o réptil de alma vivente que as águas abundantemente produziram conforme as suas espécies; e toda a ave de asas conforme a sua espécie. E viu Deus que era bom" (Gênesis 1:20-21).

Além dos homens, os animais terrestres também são almas: "E disse Deus: Produza a terra alma vivente conforme a sua espécie; gado e répteis, e bestas-feras da terra conforme a sua espécie. E assim foi. E fez Deus as bestas-feras da terra conforme a sua espécie, e o gado conforme a sua espécie, e todo o réptil da terra conforme a sua espécie. E viu Deus que era bom" (Gênesis 1:24-25).

Todos os seres vivos são almas: "Havendo pois o Senhor Deus formado da terra todo o animal do campo, e toda a ave dos céus, os trouxe a Adão, para este ver como lhes chamaria; e tudo o que Adão chamou a toda a alma vivente, isso foi o seu nome" (Gênesis 2:19).

A palavra "alma" é largamente empregada nas Escrituras Sagradas para designar seres vivos. Por exemplo, a Bíblia Sagrada revela que, Esaú tomou todas as almas de sua casa e foi para outro território: "E Esaú tomou suas mulheres, e seus filhos, e suas filhas, e todas as almas de sua casa, e seu gado, e todos os seus animais, e toda a sua fazenda, que havia adquirido na terra de Canaã; e foi-se a outra terra de diante da face de Jacó seu irmão" (Gênesis 36:6).

Por tratar-se de pessoas, "no ano décimo-oitavo de Nabucodonosor, ele levou cativas de Jerusalém oitocentas e trinta e duas almas. No ano vinte e três de Nabucodonosor, Nebuzaradão, capitão da guarda, levou cativos dentre os judeus, setecentas e quarenta e cinco almas: todas as almas são quatro mil e seiscentas" (Jeremias 52:29-30).

Por tratar-se de pessoas, "foram batizados os que de bom grado receberam a sua palavra; e naquele dia agregaram-se quase três mil almas" (Atos 2:41).

Por tratar-se de pessoas, os parentes de José eram almas: "José mandou chamar a seu pai Jacó e a toda sua parentela, que era de setenta e cinco almas" (Atos 7:14).

Por tratar-se de pessoas, a tripulação do navio foi chamada de almas: "E éramos por todos no navio duzentas e setenta e seis almas" (Atos 27:37).

Portanto, as almas são pessoas e não uma entidade imaterial, consciente e imortal que sobrevive à morte do corpo.

Os homens dizem que a alma é imortal, mas a Bíblica Sagrada diz que ela é mortal: "Eis que todas as almas são minhas; como a alma do pai, também a alma do filho é minha: a alma que pecar, essa morrerá. A alma que pecar, essa morrerá: o filho não levará a maldade do pai, nem o pai levará a maldade do filho: a justiça do justo ficará sobre ele, e a impiedade do ímpio cairá sobre ele" (Ezequiel 18:4 e 20). A alma que pecar morrerá porque a palavra alma tem o sentido de pessoa viva.

O próprio homem, enquanto vivo, é uma alma. A alma não é uma entidade imortal, caso contrário a alma não poderia ser perdida pelo homem: "Pois que aproveitaria ao homem ganhar todo o mundo e perder a sua alma?" (Marcos 8:36).

Os homens dizem que a alma é eterna, mas Jesus Cristo disse que ela perece: "E não temais os que matam o corpo, e não podem matar a alma; temei antes aquele que pode fazer perecer no inferno a alma e o corpo" (Mateus 10:28).

A alma não é uma entidade imortal, caso contrário a alma não precisaria ser salva da morte: "Saiba que aquele que fizer converter do erro do seu caminho um pecador salvará da morte uma alma, e cobrirá uma multidão de pecados" (Tiago 5:20).

Caso a alma fosse uma entidade imaterial, consciente e imortal, então o sacrifício expiatório de Jesus Cristo foi em vão. Simplesmente porque o evangelho é a boas novas de salvação. Porém, salvação da morte para a vida eterna mediante a condição de crer em Jesus Cristo.

11. A Morte e a Vida Eterna

Em várias passagens, a Bíblia Sagrada ensina claramente que o homem é mortal (Salmos 8:4; Isaías 51:12; I Coríntios 15:53). Que ao morrer, ele retorna ao pó da terra (Gênesis 3:19; Jó 10:9; 34:15; Salmos 104:29; Eclesiastes 3:20; 12:7). Na morte perdem-se todos os sentidos, como lembranças (Salmos 6:5), memórias (Eclesiastes 9:5) e sentimentos (Eclesiastes 9:6). Na morte não "não há obra, nem indústria, nem ciência, nem sabedoria alguma" (Eclesiastes 9:10), nem louvor (Salmos 115:17).

Essa situação teria perdurado para sempre, caso o Senhor Deus não tivesse interferido na história natural deste mundo para novamente trazer a vida eterna ao homem.

Jesus Cristo prometeu que virá outra vez, mas agora em glória para dar a cada um segundo as suas obras. "Porque o Filho do homem virá na glória de seu Pai, com os seus anjos; e então dará a cada um segundo as suas obras" (Mateus 16:27).

Todos os que procuram fazer o bem em harmonia com a Palavra de Deus, receberão a recompensa da vinda eterna. Porém, os que são desobedientes à verdade receberão a recompensa da indignação e da ira divina. "O qual recompensará cada um segundo as suas obras. A saber: a vida eterna aos que, com perseverança em fazer bem, procuram glória, e honra e incorrupção. Mas a indignação e a ira aos que são contenciosos, e desobedientes à verdade e obedientes à iniquidade" (Romanos 2:6-8).

A recompensa não ocorre imediatamente após a morte da pessoa. A promessa da vida eterna somente será completada quando Jesus Cristo retornar segunda vez a este mundo. Os fiéis somente tomarão posse da vida eterna no futuro vindouro. "E ele lhes disse: Na verdade vos digo que ninguém há, que tenha deixado casa, ou pais, ou irmãos, ou mulher, ou filhos, pelo reino de Deus. E não haja de receber muito mais neste mundo e na idade vindoura a vida eterna" (Lucas 18:29-30).

O apóstolo Paulo não esperava entrar na glória imediatamente após a sua morte, mas somente no dia da vinda do Senhor: "Combati o bom combate, acabei a carreira, guardei a fé. Desde agora, a coroa da justiça me está guardada, a qual o Senhor, justo juiz, me dará naquele dia; e não somente a mim, mas também a todos os que amarem a sua vinda" (II Timóteo 4:7-8).

A recompensa dos justos não é dada imediatamente após a sua morte, mas somente quando ressuscitarem no último dia da história deste mundo: "E serás bem aventurado; porque eles não têm com que to recompensar; mas recompensado te será na ressurreição dos justos" (Lucas 14:14).

Ao profeta Daniel foi dito que ele não entraria imediatamente na glória após a sua morte, mas repousaria no pó da terra e entraria na sua sorte somente no fim dos dias: "Tu, porém, vai até ao fim; porque repousarás, e estarás na tua sorte, no fim dos dias" (Daniel 12:13).

Ninguém entrou na glória. Ninguém subiu aos céus e nem estão na presença do Senhor. O rei Davi era um homem cujo coração era perfeito para com o Senhor Deus (I Reis 11:4). Mesmo assim, Davi não está na glória, simplesmente "porque Davi não subiu aos céus, mas ele próprio diz: Disse o Senhor ao meu Senhor: Assenta-te à minha direita. Até que ponha os teus inimigos por escabelo de teus pés" (Atos 2:34-35).

O próprio Senhor Jesus Cristo declarou que ninguém subiu ao céu. Ninguém está na glória. Quando as pessoas morrem, elas não vão imediatamente para o céu, mas ficam no pó da terra para a ressurreição no último dia. "Ora ninguém subiu ao céu, senão o que desceu do céu, o Filho do homem, que está no céu" (João 3:13).

Os justos não vão para o céu quando morrem. Eles não desfrutam da glória após o seu falecimento. Mas, somente irão para o céu quanto forem ressuscitados do pó da terra no último dia: "E a vontade do Pai que me enviou é esta: que nenhum de todos aqueles que me deu se perca, mas que o ressuscite no último dia. Porquanto a vontade daquele que me enviou é esta: que todo aquele que vê o Filho, e crê nele tenha a vida eterna; e eu o ressuscitarei no último dia" (João 6:39-40).

Os justos mortos não estão no céu, desfrutando da bem-aventura glória, mas estão nos sepulcros. Entretanto, no último dia, eles ouvirão a voz do Filho de Deus e sairão dos sepulcros ressuscitados para a vida eterna. Do mesmo modo, os ímpios mortos não estão no inferno, atormentados pelas chamas do lago de fogo, mas estão nos sepulcros. Porém, chegará o dia em que eles ouvirão a voz do Filho de Deus e sairão dos sepulcros ressuscitados para a condenação. "Não vos maravilheis disto; porque vem a hora em que todos os que estão nos sepulcros ouvirão a sua voz. E os que fizeram o bem sairão para a ressurreição da vida; e os que fizeram o mal para a ressurreição da condenação" (João 5:28-29).

Os justos e os ímpios mortos não estão no céu ou no inferno, mas estão no pó da terra. Chegará ao tempo em que muitos dos mortos – justos e injustos – que estão no pó da terra serão ressuscitados. "E muitos dos que dormem no pó da terra ressuscitarão uns para a vida eterna, e outros para vergonha e desprezo eterno" (Daniel 12:2).

Aqueles que forem dignos de alcançar a ressurreição da vida serão iguais aos anjos, pois já não podem mais morrer. "Mas os que forem havidos por dignos de alcançar o mundo vindouro, e a ressurreição dos mortos, nem hão de casar, nem ser dados em casamento. Porque já não podem mais morrer; pois são iguais aos anjos, e são filhos de Deus, sendo filhos da ressurreição" (Lucas 20:35-36).

12. A Morte e a Ressurreição

O conceito pagão de que o homem possui uma alma consciente e imortal não está em harmonia com os ensinos da Bíblia Sagrada, a qual declara explicitamente que somente recebemos a vida eterna quando passamos a crer em Jesus Cristo.

O conceito pagão de que a alma imortal do justo desfruta da glória eterna quando ocorre a sua morte não está em harmonia com a Bíblia Sagrada, a qual ensina que receberemos o galardão da vida eterna somente por ocasião da segunda vinda de Cristo.

O conceito pagão de que a alma imortal do justo vai para o céu por ocasião de sua morte não está em harmonia com a Bíblia Sagrada, a qual ensina que os mortos ressuscitarão no último dia, quando então serão levados para as moradas celestiais que Jesus Cristo foi preparar.

A Bíblia Sagrada faz um contraste entre os vivos e os mortos. Por possuírem consciência, os vivos sabem que hão de morrer. Porém, os mortos não possuem consciência de coisa alguma. "Porque os vivos sabem que hão de morrer, mas os mortos não sabem cousa nenhuma, nem tão pouco eles têm jamais recompensa, mas a sua memória ficou entregue ao esquecimento" (Eclesiastes 9:5).

Quando o homem morre, também perecem os seus sentimentos de amor, ódio, inveja etc. Os mortos não participam de coisa alguma que ocorre no mundo. "Até o seu amor, o seu ódio, e a sua inveja já pereceram, e já não têm parte alguma neste século, em cousa alguma do que se faz debaixo do sol" (Eclesiastes 9:6).

Contrastando os vivos e os mortos, a Bíblia Sagrada mostra que os vivos louvam ao Senhor, enquanto que os mortos não podem mais louvar. Os vivos fazem notória a verdade divina, enquanto que os mortos nem esperam na verdade do Senhor. "Porque não pode louvar-te a sepultura, nem a morte glorificar-te: nem esperarão em tua verdade os que descem à cova. Os vivos, os vivos, esses te louvarão como eu hoje faço: o pai aos filhos fará notória a tua verdade" (Isaías 38:18-19).

Aqueles que morrem não voltam do além-túmulo. Como a morte é cessar de viver e de existir, então nada mais natural do que descrever o estado dos mortos na metáfora de uma terra escuríssima. "Antes que me vá, para nunca mais voltar, à terra da escuridão e da sombra da morte. Terra escuríssima, como a mesma escuridão, terra da sombra da morte e sem ordem alguma, e onde a luz é como a escuridão" (Jó 10:21-22).

Os mortos terão descanso no pó da terra. Os mortos e todas as suas esperanças descerão até aos ferrolhos da sepultura. "Se eu olhar a sepultura como a minha casa; se nas trevas estender a minha cama. Se à corrupção clamar: Tu és meu pai; e aos bichos: Vós sois minha mãe e minha irmã. Onde estaria então agora a minha esperança? Sim, a minha esperança quem a poderá ver? Ela descerá até aos ferrolhos do Seol, quando juntamente no pó teremos descanso" (Jó 17:13-16).

A palavra Seol (Sheol, Xeol), é de origem hebraica, cuja correspondente grega é "Hades". Etimologicamente significam túmulo, sepultura, cova, abismo, mas com o sentido de cemitério. Lugar onde são colocados os mortos.

Muitos fazem a pergunta feita nas Escrituras Sagradas: "Morrendo o homem, porventura tornará a viver? Todos os dias de meu combate esperaria, até que viesse a minha mudança" (Jó 14:14). A resposta bíblica para essa pergunta é a seguinte: o homem tornará a viver, mas somente por meio da ressurreição.

Os cristãos não devem ignorar o estado daqueles que dormem o profundo sono da morte. Porque todos os que morreram em Cristo serão trazidos de volta à vida por meio da ressurreição. "Não quero, porém, irmãos, que sejais ignorantes acerca dos que já dormem, para que não vos entristeçais, como os demais, que não têm esperança. Porque, se cremos que Jesus morreu e ressuscitou, assim também aos que em Jesus dormem Deus os tornará a trazer com ele" (I Tessalonicenses 4:13-14).

A Bíblia Sagrada ensina que haverá ressurreição de mortos. Ensina que tanto justos quanto injustos hão de ser ressuscitados do pó da terra. "Tendo esperança em Deus, como estes mesmos também esperam, de que há de haver ressurreição de mortos, assim dos justos como dos injustos" (Atos 24:15).

Os justos ouvirão a voz de Jesus Cristo dos sepulcros, e ressuscitarão para a vida eterna. Também chegará a vez em que os injustos ouvirão a vos de Jesus Cristo dos sepulcros, e ressuscitarão para a condenação eterna. "Não vos maravilheis disto; porque vem a hora em que todos os que estão nos sepulcros ouvirão a sua voz. E os que fizeram o bem sairão para a ressurreição da vida; e os que fizeram o mal para a ressurreição da condenação" (João 5:28-29).

Jesus Cristo é a ressurreição e a vida. Todos que crerem nEle, ainda que venham a morrer, tornarão a viver quando forem ressuscitados. "Disse-lhe Jesus: Eu sou a ressurreição e a vida; quem crê em mim, ainda que esteja morto, viverá" (João 11:25).

A ressurreição dos justos para a vida eterna ocorrerá no último dia, quando Jesus retornar a este mundo. "Ninguém pode vir a mim, se o Pai que me enviou o não trouxer: e eu o ressuscitarei no último dia" (João 6:44).

Quando os justos ressuscitarem, jubilosos declararão: "Onde está, ó morte, o teu aguilhão? Onde está, ó inferno, a tua vitória?" (I Coríntios 15:55).

13. Os Corpos dos Salvos

Muitos pensam que na ressurreição o corpo humano será reconstituído com as mesmas partículas e moléculas que faziam parte do corpo original. Nada mais errado. Os justos ressuscitarão no frescor da eterna juventude, num corpo perfeito, sem as marcas do pecado e constituído por novas partículas.

O salmista expressou a sua crença na ressurreição dos mortos, quando a sua vida seria resgatada do poder da sepultura. Ele disse que seria recebido na glória por Deus. Portanto, a alma não se encontra no céu ou no inferno, mas na sepultura, de onde será remida: "Mas Deus remirá a minha alma do poder da sepultura, pois me receberá" (Salmos 49:15).

Séculos antes do nascimento de Jesus Cristo, o grande patriarca Jó fez uma pergunta retórica que expressava a possibilidade da morte ser algo provisório. Em sua resposta, ele manifestou a esperança de que tornaria a viver. Razão pela qual esperaria até que ocorresse a mudança do seu corpo. Pelo contexto bíblico, essa mudança é uma clara referência à ressurreição, num corpo imortal e incorruptível. "Morrendo o homem, porventura tornará a viver? Todos os dias de meu combate esperaria, até que viesse a minha mudança" (Jó 14:14).

Jó expressou a sua esperança na ressurreição quando declarou que, mesmo consumida a sua pele, ainda em sua carne ele veria a Deus. "E depois de consumida a minha pele, ainda em minha carne verei a Deus". "Vê-lo-ei por mim mesmo, e os meus olhos, e não outros, o verão; e por isso os meus rins se consomem dentro de mim" (Jó 19:26-27).

Uma questão sobre a ressurreição é saber com que espécie de corpo os justos ressuscitarão. "Mas alguém dirá:

Como ressuscitarão os mortos? E com que corpo virão?" (I Coríntios 15:35).

Para que um corpo possa ser vivificado é necessário primeiramente que esteja morto. Se alguém não está morto, então não pode ser ressuscitado. "Insensato! o que tu semeias não é vivificado, se primeiro não morrer. E, quando semeias, não semeias o corpo que há de nascer, mas o simples grão, como de trigo, ou doutra qualquer semente" (I Coríntios 15:36-37).

Hoje nosso corpo encontra-se num estado de corrupção, ignomínia e fraqueza. Porém ressuscitará em incorrupção, glória e com vigor. "Assim também a ressurreição dos mortos. Semeia-se o corpo em corrupção; ressuscitará em incorrupção. Semeia-se em ignomínia, ressuscitará em glória. Semeia-se em fraqueza, ressuscitará com vigor" (I Coríntios 15:42-43)

A ressurreição em um corpo incorrutível e imortal é necessária porque a carne e o sangue, que constituem o nosso corpo na atualidade, não podem herdar o reino de Deus. "E agora digo isto, irmãos: que a carne e o sangue não podem herdar o reino de Deus, nem a corrupção herda a incorrupção" (I Coríntios 15:50).

Desse modo é necessário que o nosso corpo corruptível seja ressuscitado incorruptível. É necessário que o nosso corpo que é mortal seja ressuscitado imortal. "Porque convém que isto que é corruptível se revista da incorruptibilidade, e que isto que é mortal se revista da imortalidade" (I Coríntios 15:53).

Quando nosso corpo for mudado de corruptível em incorruptível e de mortal em imortal, nós seremos semelhantes a Jesus Cristo. "Amados, agora somos filhos de Deus, e ainda não é manifestado o que havemos de ser. Mas sabemos que, quando ele se manifestar, seremos semelhantes a ele; porque assim como é o veremos" (I João 3:2).

Em sua segunda vinda a este mundo, no último dia da história secular da Terra, Jesus Cristo transformará o nosso corpo corruptível e mortal para ser conforme o Seu corpo glorioso. "Que transformará o nosso corpo abatido, para ser conforme o seu corpo glorioso, segundo o seu eficaz poder de sujeitar também a si todas as coisas" (Filipenses 3:21).

O salmista declarou que, quando acordasse do sono da morte, ele contemplaria a face do Senhor na glória e que ficaria satisfeito de ter a semelhança do Senhor quando ressuscitasse. Ele tinha esperança de ser ressuscitado num corpo glorioso, semelhante ao corpo do Senhor. "Quanto a mim, contemplarei a tua face na justiça; satisfazer-me-ei da tua semelhança quando acordar" (Salmos 17:15).

Ao aproximar-se de sua morte, o crente sente-se confortado porque tem uma esperança que o incrédulo não possui. O justo sabe que voltará a viver na ressurreição do último dia. Que seu corpo degradado pela ação do pecado será mudado para um corpo incorruptível e imortal. "Pela sua malícia será lançado fora o ímpio, mas o justo até na sua morte tem esperança" (Provérbios 14:32).

14. Discussão Sobre a Ressurreição

A ressurreição é uma questão que tem intrigado muitos cristãos, especialmente porque, equivocamente, creem na imortalidade da alma. Com base nessa falácia tiveram que inventar um destino final para colocar as almas dos mortos. Assim, imaginaram que as almas dos bons vão para o céu e as almas dos maus vão para o inferno. Realmente, "um abismo chama outro abismo" (Salmos 42:7).

A Bíblia Sagrada é clara, claríssima em ensinar que os mortos não sabem coisa alguma e que os seus sentimentos perecem com a morte da pessoa. "Porque os vivos sabem que hão de morrer, mas os mortos não sabem cousa nenhuma, nem tão pouco eles têm jamais recompensa, mas a sua memória ficou entregue ao esquecimento. Até o seu amor, o seu ódio, e a sua inveja já pereceram, e já não têm parte alguma neste século, em cousa alguma do que se faz debaixo do sol" (Eclesiastes 9:5-6).

A Bíblia Sagrada ensina que ao morrer, o homem retorna para o pó da terra. Nada de alma imortal, nada de céu e muito menos nada de um inferno flamejante em fogo. "No suor do teu rosto comerás o teu pão, até que te tornes à terra; porque dela foste tomado: porquanto és pó, e em pó te tornarás" (Gênesis 3:19).

Ninguém deveria depositar a sua confiança numa imaginária alma imortal que vai para o céu logo após a morte do homem, para desfrutar da glória eterna. Porém, a esperança de todo homem deveria ser concentrada na ressurreição do último dia. Esse sim é ensinamento bíblico, largamente pregado pelos santos profetas e por Jesus Cristo.

Jó tinha sua esperança centrada na ressurreição dos mortos. Ele acreditava que mesmo depois de consumida sua pele, ainda em sua carne e com os seus próprios olhos veria a Deus. "Porque eu sei que o meu Redentor vive, e que por fim se levantará sobre a terra. E depois de consumida a minha pele, ainda em minha carne verei a Deus. Vê-lo-ei por mim mesmo, e os meus olhos, e não outros, o verão; e por isso os meus rins se consomem dentro de mim" (Jó 19:25-27).

Jesus Cristo revelou claramente que haverá ressurreição de justos e injustos. Todos os mortos ouvirão a Sua voz, não no céu ou no inferno, mas nos sepulcros. Então os justos sairão para a ressurreição da vida e os injustos sairão para a ressurreição da condenação. "Não vos maravilheis disto; porque vem a hora em que todos os que estão nos sepulcros ouvirão a sua voz. E os que fizeram o bem sairão para a ressurreição da vida; e os que fizeram o mal para a ressurreição da condenação" (João 5:28-29).

Para algumas pessoas na época apostólica, era simplesmente inacreditável que pudesse haver ressurreição de mortos. "Pois quê? julga-se coisa incrível entre vós que Deus ressuscite os mortos?" (Atos 26:8).

Embora os apóstolos pregassem a ressurreição de Cristo, havia alguns cristãos fracos na fé que diziam não existir ressurreição de mortos. "Ora, se se prega que Cristo ressuscitou dos mortos, como dizem alguns dentre vós que não há ressurreição de mortos?" I Coríntios 15:12

Paulo apresentou o contra-argumento de que, caso não houvesse ressurreição dos mortos, então Jesus Cristo não teria ressuscitado. Desse modo, os apóstolos estariam pregando em vão, e a fé dos cristãos seria inútil. "E, se não há ressurreição de mortos, também Cristo não ressuscitou. E, se Cristo não ressuscitou logo é vã a nossa pregação, e também é vã a vossa fé" (I Coríntios 15:13-14).

Caso os mortos não pudessem ser ressuscitados, então Jesus Cristo não teria ressuscitado. Nessas condições, todos os cristãos estariam crendo em vão e ainda permaneciam em seus pecados, porque o Plano da Salvação teria fracassado pela falta da ressureição de Cristo. "Porque, se os mortos não ressuscitam, também Cristo não ressuscitou. E, se Cristo não ressuscitou, é vã a vossa fé, e ainda permaneceis nos vossos pecados" (I Coríntios 15:16-17).

Caso não houvesse ressurreição, então todos aqueles que morreram na fé estariam para sempre perdidos. Nada de céu ou de inferno, apenas o pó da terra. "E também os que dormiram em Cristo estão perdidos" (I Coríntios 15:18).

Caso não houvesse ressurreição, os cristãos estariam esperando Cristo somente enquanto vivos. Por essa razão seriam os mais miseráveis de todos os homens porque morrendo perderiam a oportunidade da vida eterna pela ressurreição dos mortos. Mas a verdade é que Cristo morreu e ressuscitou e foi feito primícias dos mortos. "Se esperamos em Cristo só nesta vida, somos os mais miseráveis de todos os homens. Mas agora Cristo ressuscitou dos mortos, e foi feito as primícias dos que dormem" (I Coríntios 15:19-20).

A morte entrou no mundo pelo pecado de um homem, enquanto que a ressurreição dos mortos veio ao mundo pela justiça de um homem. Do mesmo modo que todos morrem por causa do pecado de Adão, todos serão vivificados por causa da justiça de Cristo. "Porque assim como a morte veio por um homem, também a ressurreição dos mortos veio por um homem. Porque, assim como todos morrem em Adão, assim também todos serão vivificados em Cristo" (I Coríntios 15:21-22).

A morte é um implacável inimigo, cujo alvo consiste em desfazer todas as formas de vida. Porém, chegará o dia em que ela cessará de existir. Quando esse dia chegar nunca mais haverá morte e todos os salvos viverão para sempre. "Ora o último inimigo que há de ser aniquilado é a morte" (I Coríntios 15:26).

15. O Inferno

Outro conceito antibíblico, tão errado quanto o conceito de imortalidade da alma, é a invenção do famigerado inferno, onde supostamente as almas dos maus são atormentadas eternamente nas chamas do fogo eterno.

A palavra inferno é de origem latina: "infernum". Porém, a Bíblia Sagrada foi escrita em hebraico, aramaico e grego. Logo, a palavra inferno não consta no texto original da Palavra de Deus. Diante do exposto fica claro que a doutrina de um inferno a arder eternamente é um conceito herético de origem pagã e não faz parte do ensino bíblico.

A palavra inferno é traduzida equivocamente como uma transliteração do hebraico "Seol" e do grego "Hades" e "Geena", que simplesmente significam lugar dos mortos, cemitério, sepultura, profundezas etc. Portanto, todos os que morrem – tanto justos quanto injustos – vãos para o inferno (Hades e Seol).

A Bíblia Sagrada ensina claramente "que há de haver ressurreição de mortos, assim dos justos como dos injustos" (Atos 24:15).

Os justos ressuscitarão no início do período dos mil anos e não passarão pela segunda morte. "Bem-aventurado e santo aquele que tem parte na primeira ressurreição: sobre estes não tem poder a segunda morte; mas serão sacerdotes de Deus e de Cristo, e reinarão com ele mil anos" (Apocalipse 20:6).

Os injustos ressuscitarão no fim do período dos mil anos e passarão pela segunda morte. "Mas os outros mortos não reviveram, até que os mil anos se acabaram" (Apocalipse 20:5).

Os mortos injustos são ressuscitados do mar e das profundezas da terra e cada um é julgado conforme as suas obras. "E deu o mar os mortos que nele havia; e a morte e o inferno deram os mortos que neles havia; e foram julgados cada um segundo as suas obras" (Apocalipse 20:13).

Pouco tempo depois do término dos mil anos, os injustos, que foram ressuscitados ao final dos mil anos, se arregimentarão para guerra e cercarão a Nova Jerusalém, mas descerá fogo do céu e todos injustos serão definitivamente destruídos numa segunda morte. "E subiram sobre a largura da terra, e cercaram o arraial dos santos e a cidade amada; mas desceu fogo do céu, e os devorou" (Apocalipse 20:9).

O inferno nada mais é do que do fogo que descerá do céu e transformará a Terra num lago de fogo. "E aquele que não foi achado escrito no livro da vida foi lançado no lago de fogo" (Apocalipse 20:15).

Portanto, todos ímpios serão lançados no lago de fogo. Esse lago de fogo ocorrerá pouco tempo depois do fim dos mil anos. O lago de fogo poderia caracterizar o que é designado por inferno, haja vista que os ímpios serão sepultados pelo fogo que descerá do céu. "Os ímpios serão lançados no inferno e todas as gentes que se esquecem de Deus" (Salmos 9:17).

A palavra de origem latina "inferno" é empregada nas traduções bíblicas para designar a palavra grega "hades", que em hebraico é "sheol". Elas trazem a ideia de cemitério, local onde se encontram todos os mortos. Em última análise, inferno deveria significar apenas cemitério, sepulturas etc.

Por exemplo, a tradução bíblica Almeida Revista e Corrigida, edição de 1969, emprega dois versículos usando indistintamente as palavras "inferno" e "hades" para designar a mesma coisa: sepultura.

No Antigo Testamento foi traduzido que a alma (vida) não seria deixada no inferno: "Pois não deixarás a minha alma no inferno, nem permitirás que o teu Santo veja corrupção" (Salmos 16:10).

No Novo Testamento o mesmo versículo foi traduzido para indicar que a alma (vida) não seria deixada no "hades":

"Pois não deixarás a minha alma no Hades, nem permitirás que o teu Santo veja a corrupção" (Atos 2:27).

A palavra "fogo eterno" é uma figura de linguagem utilizada para designar que as consequências do fogo são eternas. Assim, no dia do juízo final, o Senhor apartará os injustos para o fogo eterno. "Então dirá também aos que estiverem à sua esquerda: Apartai-vos de mim, malditos, para o fogo eterno, preparado para o diabo e seus anjos" (Mateus 25:41).

O termo "fogo eterno" é uma metáfora empregada para designar que as "consequências" do fogo são eternas. Tanto que a mesma expressão é usada para informar que Sodoma e Gomorra foram postas para exemplo, sofrendo a pena do "fogo eterno". É lógico que as referidas cidades não estão queimando até aos dias de hoje. "Assim como Sodoma e Gomorra, e as cidades circunvizinhas, que, havendo-se corrompido como aqueles, e ido após outra carne, foram postas, por exemplo, sofrendo a pena do fogo eterno" (Judas 1:7).

Os injustos sofrerão a pena da segunda morte no lago de fogo, cujas consequências são eternas porque será destruído, não somente o corpo, mas também a alma (vida). "Mas, quanto aos tímidos, e aos incrédulos, e aos abomináveis, e aos homicidas, e aos fornicários, e aos feiticeiros, e aos idólatras e a todos os mentirosos, a sua parte será no lago que arde com fogo e enxofre; o que é a segunda morte" (Apocalipse 21:8).

Os injustos serão destruídos para sempre porque se farão cinza. Entretanto, para os justos haverá salvação. "Mas para vós, que temeis o meu nome nascerá o sol da justiça, e salvação trará debaixo das suas asas; e saireis, e crescereis como os bezerros do cevadouro. E pisareis os ímpios, porque se farão cinza debaixo das plantas de vossos pés naquele dia que farei, diz o Senhor dos Exércitos" (Malaquias 4:2-3).

16. Um Inferno Eterno

O inferno não é eterno porque quando o homem morre, ele é totalmente consumido e não se encontra mais em lugar algum. A morte pode ser comparada ao tempo que passou e não retorna mais. Na morte, o homem cessa de existir do mesmo modo como um rio que se esgota e fica seco. O morto não se levantará do sono da morte até que não haja mais céus. "Mas, morto o homem, é consumido; sim, rendendo o homem o espírito, então onde está? Como as águas se retiram do mar, e o rio se esgota, e fica seco. Assim o homem se deita, e não se levanta; até que não haja mais céus não acordará nem se erguerá de seu sono" (Jó 14:10-12).

O inferno não é eterno porque não existe tal coisa de uma alma imortal para poder ficar queimando eternamente: "Eis que todas as almas são minhas; como a alma do pai, também a alma do filho é minha: a alma que pecar, essa morrerá" (Ezequiel 18:4).

A alma não é imortal porque está escrito que "a alma que pecar, essa morrerá: o filho não levará a maldade do pai, nem o pai levará a maldade do filho: a justiça do justo ficará sobre ele, e a impiedade do ímpio cairá sobre ele" (Ezequiel 18:20).

Os mortos justos não estão no céu, do mesmo modo como os mortos injustos não estão no inferno, mas todos estão no pó da terra, aguardando o dia da ressurreição. "Todos vão para um lugar: todos são pó, e todos ao pó tornarão" (Eclesiastes 3:20). "No suor do teu rosto comerás o teu pão, até que te tornes à terra; porque dela foste tomado: porquanto és pó, e em pó te tornarás" (Gênesis 3:19).

Os injustos mortos não estão sofrendo no fogo do inferno porque na sepultura para onde vão todos os mortos não há consciência de coisa alguma: "Tudo quanto te vier à mão para fazer, faze-o conforme as tuas forças, porque na sepultura, para onde tu vais, não há obra, nem indústria, nem ciência, nem sabedoria alguma" (Eclesiastes 9:10)

Os mortos injustos não estão sofrendo no inferno. Primeiro, porque não possuem uma alma imortal. Segundo, porque "os mortos não sabem cousa nenhuma, nem tão pouco eles tem jamais recompensa, mas a sua memória ficou entregue ao esquecimento. Até o seu amor, o seu ódio, e a sua inveja já pereceram" (Eclesiastes 9:5).

O fogo eterno, também conhecido pelo nome de lago de fogo, ainda não existe. Nenhum ímpio jamais foi para o lago de fogo. Porém, eles serão lançados nesse lago após o fim dos mil anos, que separam as duas ressurreições.

A primeira ressurreição ocorrerá no início do período de mil anos. É a ressurreição dos justos. Eles não passarão pela experiência da segunda morte no lago de fogo: "Bem-aventurado e santo aquele que tem parte na primeira ressurreição: sobre estes não tem poder a segunda morte; mas serão sacerdotes de Deus e de Cristo, e reinarão com ele mil anos" (Apocalipse 20:6).

A segunda ressurreição ocorrerá no fim do período dos mil anos. É a ressurreição dos ímpios. Eles passarão pela experiência da segunda morte no lago de fogo: "Mas os outros mortos não reviveram, até que os mil anos se acabaram" (Apocalipse 20:5).

Os ímpios ressuscitados cercarão o arraial dos santos com a intensão de destruí-los. Mas o Senhor Deus entrará em cena e fará descer do céu fogo que os devorará para sempre. Essa é a segunda morte, e ocorrerá no lago de fogo: "E subiram sobre a largura da terra, e cercaram o arraial dos santos e a cidade amada; mas desceu fogo do céu, e os devorou" (Apocalipse 20:9).

Os ímpios não ficarão para sempre sofrendo e queimando no lago de fogo, mas sofrerão a segunda morte, consumidos pelo fogo do juízo final. "Sobre os ímpios fará chover laços, fogo, enxofre e vento tempestuoso: eis a porção do seu copo" (Salmos 11:6).

Os ímpios não ficarão queimando eternamente, mas perecerão na segunda morte no lago de fogo, e em fumaça serão desfeitos: "Mas os ímpios perecerão, e os inimigos do Senhor serão como a gordura dos cordeiros: desaparecerão e em fumo se desfarão" (Salmos 37:20).

A Bíblia Sagrada está em perfeita harmonia com os seus ensinos. Não existe um inferno a queimar eternamente porque também não existe alma imortal que possa ficar queimando por toda eternidade. O morto não possui nem mesmo consciência de qualquer coisa. Portanto, não pode estar sofrendo em qualquer lugar.

A Bíblia Sagrada não ensina que os ímpios sofrerão eternamente no inferno, mas ensina que eles serão consumidos pelo fogo numa segunda morte. Jesus Cristo jamais ensinou que o morto fica sofrendo eternamente no inferno. Mas ensinou que todos eles perecerão: "E não temais os que matam o corpo, e não podem matar a alma; temei antes aquele que pode fazer perecer no inferno a alma e o corpo" (Mateus 10:28).

Jesus Cristo morreu, mas ressuscitou e está vivo para todo o sempre. Com Sua morte expiatória Ele adquiriu duas chaves: a chave da morte e a chave do inferno. Com a chave da morte, Ele pode dar a vida eterna e com a chave do inferno, Ele pode ressuscitar os mortos. "E o que vivo e fui morto, mas eis aqui estou vivo para todo o sempre. Amém. E tenho as chaves da morte e do inferno" (Apocalipse 1:18).

17. Os Mortos e a Volta de Jesus

A Bíblia Sagrada é muito coerente consigo mesma. Ela revela que Jesus morreu para nos dar a vida eterna, simplesmente porque não possuímos uma alma imortal. Jesus Cristo virá buscar-nos, simplesmente porque os mortos não vão imediatamente para o céu. Jesus virá segunda vez para nos ressuscitar e dar-nos a vida eterna, simplesmente porque os mortos estão repousando desfeitos no pó da terra.

Os mortos não sabem coisa alguma. Todas as suas faculdades pereceram na morte: "Porque os vivos sabem que hão de morrer, mas os mortos não sabem cousa nenhuma, nem tão pouco eles têm jamais recompensa, mas a sua memória ficou entregue ao esquecimento. Até o seu amor, o seu ódio, e a sua inveja já pereceram, e já não têm parte alguma neste século, em cousa alguma do que se faz debaixo do sol" (Eclesiastes 9:5-6).

Tanto os homens quanto os animais morrem do mesmo modo. Todos tem o mesmo fôlego da vida. Na morte, os homens não possuem vantagem alguma sobre os animais. Todos vão para o mesmo lugar e tornarão em pó. "Porque o que sucede aos filhos dos homens, isso mesmo também sucede aos animais; a mesma cousa lhes sucede: como morre um, assim morre o outro, todos têm o mesmo fôlego; e a vantagem dos homens sobre os animais não é nenhuma, porque todos são vaidade. Todos vão para um lugar: todos são pó, e todos ao pó tornarão" (Eclesiastes 3:19-20).

Não devemos ignorar a situação daqueles que estão mortos. Não precisamos ficar tristes e desanimados com o falecimento de amigos e parentes. Porque do mesmo modo como Jesus Cristo morreu e ressuscitou, então todos os que morreram crendo em Jesus Cristo serão trazidos de volta à existência. "Não quero, porém, irmãos, que sejais ignorantes acerca dos que já dormem, para que não vos entristeçais, como os demais, que não têm esperança. Porque, se cremos que Jesus morreu e ressuscitou, assim também aos que em Jesus dormem Deus os tornará a trazer com ele" (I Tessalonicenses 4:13-14).

Quando Jesus Cristo retornar a este mundo, nem todos os justos estarão mortos. Por essa razão, os justos vivos serão transformados em incorruptíveis e imortais, e os justos mortos serão ressuscitarão do pó da terra incorruptíveis e imortais: "Eis aqui vos digo um mistério: Na verdade, nem todos dormiremos, mas todos seremos transformados. Num momento, num abrir e fechar de olhos, ante a última trombeta; porque a trombeta soará, e os mortos ressuscitarão incorruptíveis, e nós seremos transformados. Porque convém que isto que é corruptível se revista da incorruptibilidade, e que isto que é mortal se revista da imortalidade" (I Coríntios 15:51-53).

Deus não deseja que nenhum justo perca a salvação. Ele quer que todos recebam a vida eterna e sejam ressuscitados no último dia: "E a vontade do Pai que me enviou é esta: que nenhum de todos aqueles que me deu se perca, mas que o ressuscite no último dia. Porquanto a vontade daquele que me enviou é esta: que todo aquele que vê o Filho, e crê nele tenha a vida eterna; e eu o ressuscitarei no último dia" (João 6:39-40).

Na casa de Deus – localizada no terceiro céu – há muitas moradas, na Nova Jerusalém. Jesus Cristo foi-nos preparar um lugar e quando terminar, Ele voltará para nos buscar e levar-nos para essas moradas. "Na casa de meu Pai há muitas moradas; se não fosse assim, eu vo-lo teria dito: vou preparar-vos lugar. E, se eu for, e vos preparar lugar, virei outra vez e vos levarei para mim mesmo, para que onde eu estiver estejais vós também" (João 14:2-3).

Quando Jesus Cristo voltar a este mundo, será um evento majestoso e glorioso. A princípio aparecerá no céu um crescente ponto luminoso. Então todas as nações do mundo verão Jesus Cristo vindo entre as nuvens do céu. Em seguida os santos anjos ajuntarão todos os justos vivos e os ressuscitados. "Então aparecerá no céu o sinal do Filho do homem; e todas as tribos da terra se lamentarão, e verão o Filho do homem, vindo sobre as nuvens do céu, com poder e grande glória. E ele enviará os seus anjos com rijo clamor de trombeta, os quais ajuntarão os seus escolhidos desde os quatro ventos, de uma à outra extremidade dos céus" (Mateus 24:30-31).

Jesus Cristo descerá do céu e todos que morreram em Cristo serão ressuscitados e juntamente com os justos vivos serão arrebatados ao céu, onde reinarão com Cristo por mil anos. "Porque o mesmo Senhor descerá do céu com alarido e com voz de arcanjo, e com a trombeta de Deus; e os que morreram em Cristo ressuscitarão primeiro. Depois nós, os que ficarmos vivos, seremos arrebatados juntamente com eles nas nuvens, a encontrar o Senhor nos ares, e assim estaremos sempre com o Senhor" (I Tessalonicenses 4:16-17).

Cristo virá segunda vez e trará o Seu galardão (recompensa), para dar a cada um: "E eis que cedo venho, e o meu galardão está comigo, para dar a cada um segundo a sua obra" (Apocalipse 22:12). A recompensa de Jesus Cristo é a vida eterna para os justos e a indignação e ira para os injustos.

Jó acreditava que mesmo depois de consumida a sua pele, ainda em sua carne e com os seus próprios olhos veria a Deus: "Porque eu sei que o meu Redentor vive, e que por fim se levantará sobre a terra. E depois de consumida a minha pele, ainda em minha carne verei a Deus. Vê-lo-ei por mim mesmo, e os meus olhos, e não outros, o verão; e por isso os meus rins se consomem dentro de mim" (Jó 19:25-27).

O Senhor Deus consolará todos os salvos e nunca mais haverá morte. "E Deus limpará de seus olhos toda a lágrima; e não haverá mais morte, nem pranto, nem clamor, nem dor; porque já as primeiras coisas são passadas" (Apocalipse 21:4).

18. A Morte e o Juízo Vindouro

O conceito de uma alma imortal que é levada para o céu ou para o inferno imediatamente após a morte do homem contraria vários ensinos bíblicos. Por exemplo, supondo que o homem possui uma alma imortal que vai imediatamente o reino dos céus ou que vai para o inferno, então qual é a necessidade de um juízo vindouro, onde Cristo há de "julgar os vivos e os mortos, na sua vinda e no seu reino" (I Timóteo 4:1)?

A Bíblia Sagrada jamais ensinou que o homem possui uma alma imortal que se desloca para o céu ou para o inferno após a sua morte. O que ela ensina claramente é que o homem é uma alma. Pelo fato do homem ser mortal, então a alma perece quando o homem morre.

Ao morrer, o homem não permanece consciente em lugar algum. Mas, se desfaz em pó e torna aos elementos da terra. Ele não se levantará de seu sono mortal até que não haja mais céus. "Mas, morto o homem, é consumido; sim, rendendo o homem o espírito, então onde está? Como as águas se retiram do mar, e o rio se esgota, e fica seco. Assim o homem se deita, e não se levanta; até que não haja mais céus não acordará nem se erguerá de seu sono" (Jó 14:10-12).

Os homens estão condenados a morrerem uma vez. Então, quando chegar o momento, virá o juízo divino sobre eles. "E, como aos homens está ordenado morrerem uma vez, vindo depois disso o juízo" (Hebreus 9:27).

O Juízo Divino é único, mas encontra-se dividido em quatro fases: **1ª. Fase**, chamada Juízo Investigativo, ocorre antes dos mil anos. **2ª. Fase**, chamada Juízo Retribuitivo ocorre no início dos mil anos. **3ª. Fase**, chamada Juízo Comprobatório, ocorre durante os mil anos. **4ª. Fase**, chamada Juízo Executivo, ocorre após o término dos mil anos.

A **fase investigativa** do juízo começa com o povo de Deus de todas as épocas. "Porque já é tempo que comece o julgamento pela casa de Deus; e, se primeiro começa por nós, qual será o fim daqueles que são desobedientes ao evangelho de Deus? E, se o justo apenas se salva, onde aparecerá o ímpio e o pecador?" (I Pedro 4:17-18).

Cada pessoa que faz parte do povo de Deus possui o nome registrado no livro da vida. Porém, aqueles que forem vencidos pelo pecado terão o nome riscado do livro da vida. Somente será mantido o nome dos vitoriosos. "O que vencer será vestido de vestes brancas, e de maneira nenhuma riscarei o seu nome do livro da vida; e confessarei o seu nome diante de meu Pai e diante dos seus anjos" (Apocalipse 3:5).

A **fase retribuitiva** desse juízo é resultado das deliberações da fase investigativa. Ocorre no início do milênio com a segunda vinda de Cristo, que retorna para dar a cada um o galardão, segundo as suas obras. "Conjuro-te pois diante de Deus, e do Senhor Jesus Cristo, que há de julgar os vivos e os mortos, na sua vinda e no seu reino". (II Timóteo 4:1).

O Senhor vem com milhares de seus santos anjos para trazer o juízo retribuitivo sobre todos os ímpios pecadores. "E destes profetizou também Enoque, o sétimo depois de Adão, dizendo: Eis que é vindo o Senhor com milhares de seus santos. Para fazer juízo contra todos e condenar dentre eles todos os ímpios, por todas as suas obras de impiedade, que impiamente cometeram, e por todas as duras palavras que ímpios pecadores disseram contra ele" (Judas 1:14-15).

A **fase comprovatória** do juízo ocorre no reino de Cristo, durante o milênio. Nessa fase, os salvos recebem autoridade para julgar os perdidos, dosando a pena que cada um deverá receber. "E vi tronos; e assentaram-se sobre eles, e foi-lhes dado o poder de julgar; e vi as almas daqueles que foram degolados pelo testemunho de Jesus, e pela palavra de Deus e que não adoraram a besta, nem a sua imagem, e não receberam o sinal em suas testas nem em suas mãos; e viveram, e reinaram com Cristo durante mil anos" (Apocalipse 20:4).

Os salvos julgarão o mundo e os anjos que pecaram. "Não sabeis vós que os santos hão de julgar o mundo? Ora, se o mundo deve ser julgado por vós, sois porventura indignos de julgar as coisas mínimas? Não sabeis vós que havemos de julgar os anjos? Quanto mais as coisas pertencentes a esta vida?" I Coríntios 6:2-3

A **fase executiva** desse juízo é resultado das deliberações da fase comprobatória. Ocorre após o término do milênio. Nessa fase, os ímpios são ressuscitados de todos os lugares, em seguida são julgados no juízo executivo, conforme as suas obras. "E deu o mar os mortos que nele havia; e a morte e o inferno deram os mortos que neles havia; e foram julgados cada um segundo as suas obras" (Apocalipse 20:13).

Essa fase do juízo ocorre com a queda de fogo do céu, que devorará os pecadores. Os que nunca tiveram o nome no livro da vida ou que foram riscados serão lançados no lago de fogo. "E subiram sobre a largura da terra, e cercaram o arraial dos santos e a cidade amada; mas desceu fogo do céu, e os devorou. E aquele que não foi achado escrito no livro da vida foi lançado no lago de fogo" (Apocalipse 20:9 e 15).

Os malfeitores e os ímpios não viverão para sempre num lago de fogo, mas serão desarraigados e deixarão de existir. Nunca mais aparecerão. "Porque os malfeitores serão desarraigados; mas aqueles que esperam no Senhor herdarão a terra. Pois ainda um pouco, e o ímpio não existirá; olharás para o seu lugar, e não aparecerá" (Salmos 37:9-10).

Os ímpios não viverão para sempre sofrendo no lago de fogo, mas deixarão de existir e se transformarão em cinza. "E pisareis os ímpios, porque se farão cinza debaixo das plantas de vossos pés naquele dia que farei, diz o Senhor dos Exércitos" (Malaquias 4:3).

19. Morte e Arrependimento

A morte entrou no mundo quando Adão e Eva pecaram ao transgredirem o mandamento divino que os proibia de comer da árvore da ciência do bem e do mal. A pena prevista em caso de desobediência era a morte do transgressor.

Como o primeiro casal teve filhos somente após pecarem, quando estavam na condição de mortais. Então, todos os seus descendentes nascem padecendo das "consequências" do pecado de seus primeiros pais.

Por essa razão, Jesus Cristo veio ao mundo para salvar os homens da morte eterna, ofertando-lhes a vida eterna pela ressurreição dos mortos. "Porque assim como a morte veio por um homem, também a ressurreição dos mortos veio por um homem. Porque, assim como todos morrem em Adão, assim também todos serão vivificados em Cristo" (I Coríntios 15:21-22).

A morte é a remuneração resultante de todo e qualquer forma de pecado. Sem Cristo Jesus, o homem não possui vida eterna, e muito menos uma alma imortal. "Porque o salário do pecado é a morte, mas o dom gratuito de Deus é a vida eterna, por Cristo Jesus nosso Senhor" (Romanos 6:23).

Os mortos não estão na glória divina desfrutando do galardão e cantando louvores ao Senhor. Nem aqueles que estão no mais absoluto silêncio da sepultura: "Os mortos não louvam ao Senhor, nem os que descem ao silêncio" (Salmos 115:17).

Os mortos não possuem lembrança de coisa alguma. Enquanto permanecerem mortos no sepulcro, eles não podem louvar ao Senhor. "Porque na morte não há lembrança de ti; no sepulcro quem te louvará?" (Salmos 6:5).

Todos perecerão eternamente, caso não venham a arrepender-se de seus pecados. "Não, vos digo; antes, se vos não arrependerdes, todos de igual modo perecereis" (Lucas 13:3).

Por essa razão, o Senhor Deus anuncia a todos os homens em todos os lugares que se arrependam. "Mas Deus, não tendo em conta os tempos da ignorância, anuncia agora a todos os homens, e em todo o lugar, que se arrependam" (Atos 17:30). Caso os homens venham a arrepender-se, o Senhor Deus não levará em consideração os pecados praticados em tempos de ignorância.

O arrependimento é um estado de contrição de espírito em que o pecador é convencido do pecado e reconhece-se culpado. Então ele aceita o perdão oferecido por Deus, devido à expiação realizada por Jesus Cristo. "Eis o Cordeiro de Deus, que tira o pecado do mundo" (João 1:29).

Todos que arrependerem-se de seus pecados deve admiti-los, confessando-o ao Senhor. Desse modo alcançará a misericórdia de Deus. "O que encobre as suas transgressões, nunca prosperará; mas o que as confessa e deixa, alcançará misericórdia" (Provérbios 28:13).

A confissão dos pecados é a condição divina para alcançarmos misericórdia e perdão. "Se confessarmos os nossos pecados, ele é fiel e justo, para nos perdoar os pecados, e nos purificar de toda a injustiça" (I João 1:9).

Após passarmos por um genuíno processo de arrependimento e confissão dos pecados, precisamos abandonar definitivamente o pecado pelo qual suplicamos o perdão divino e converter-nos inteiramente a Deus.

O Senhor não tem prazer na morte de ninguém. Mas deseja que todos venham a converter-se para que tenham a vida eterna. "Desejaria eu, de qualquer maneira, a morte do ímpio? diz o Senhor Jeová: não desejo antes que se converta dos seus caminhos e viva? Porque não tomo prazer na morte do que morre, diz o Senhor Jeová: convertei-vos, pois, e vivei" (Ezequiel 18:23 e 32).

O Senhor Deus não deseja a morte de ninguém. Por isso, Ele é grandioso em perdoar e deseja que os homens deixem os seus maus caminhos e se convertam: "Deixe o ímpio o seu caminho, e o homem maligno os seus pensamentos, e se converta ao Senhor, que se compadecerá dele; torne para o nosso Deus, porque grandioso é em perdoar" (Isaías 55:7).

Por ser mortal; por não ter uma alma imortal, e nem possuir um espírito eterno, o homem nada tem a ganhar permanecendo na incredulidade e rebelde contra o Senhor Deus. Seu único quinhão será perecer eternamente, para nunca mais existir.

Sem aceitar as condições do perdão divino, de nada adiantará o homem tornar-se a figura mais poderosa e popular do planeta. Para ele, em breve tudo estará perdido para sempre. "Pois que aproveitaria ao homem ganhar todo o mundo e perder a sua alma?" (Marcos 8:36).

O Senhor quer que você se converta a Ele de todo o seu coração, com genuína tristeza pelos seus pecados, com arrependimento e confissão de pecados. "Ainda assim, agora mesmo diz o Senhor: Convertei-vos a mim de todo o vosso coração; e isso com jejuns, e com choro, e com pranto" (Joel 2:12).

20. O Sono dos Mortos

Quando o homem foi criado, o Senhor Deus "soprou em seus narizes o fôlego da vida" (Gênesis 2:7). Por isso o livro de Jó declara que "a inspiração do Todo-Poderoso me deu vida" (Jó 33:4). O fôlego da vida também é chamado de "espírito de vida" (Gênesis 6:17) porque em hebraico a palavra "espírito" é "nechama" ou "ruah" e em grego é "pneuma", que etimologicamente significam fôlego, sopro, vento etc.

Quando o homem morre, o fôlego da vida que foi lhe dado por Deus, simplesmente retorna para Deus: "o pó volte à terra, como o era, e o espírito volte a Deus, que o deu" (Eclesiastes 12:7).

O morto não possui consciência de coisa alguma. Nem mesmo raciocina, porque no dia da morte perecem todos os seus pensamentos. "Sai-lhes o espírito, e eles tornam-se em sua terra: naquele mesmo dia perecem os seus pensamentos" (Salmos 146:4).

O morto não possui mais nenhum sentimento, porque no dia da morte todos eles perecem. "Até o seu amor, o seu ódio, e a sua inveja já pereceram, e já não têm parte alguma neste século, em cousa alguma do que se faz debaixo do sol" (Eclesiastes 9:6).

Pelo fato do morto não possuir mais consciência de coisa alguma, nem mesmo pensamentos ou sentimento, a Bíblia Sagrada compara a morte a um profundo sono, no qual o defunto será despertado do pó da terra na ressurreição do último dia. "E todos choravam, e a pranteavam; e ele disse: Não choreis; não está morta, mas dorme. E riam-se dele, sabendo que estava morta" (Lucas 8:52-53).

Sobre a morte do diácono Estevão, a Bíblia Sagrada revela que ele adormeceu quando foi apedrejado pelos judeus até à morte. "E, pondo-se de joelhos, clamou com grande voz: Senhor, não lhes imputes este pecado. E, tendo dito isto, adormeceu" (Atos 7:60).

Mais de quinhentos irmãos haviam testemunhado que Jesus Cristo havia ressurreição dos mortos. Poucos anos depois, alguns deles já estavam mortos. "Depois foi visto, uma vez, por mais de quinhentos irmãos, dos quais vive ainda a maior parte, mas alguns já dormem também" (I Coríntios 15:6).

O réu Davi em sua época havia servido conforme a vontade de Deus. Entretanto, ele faleceu e foi colocado junto com os seus pais e seu corpo viu a corrupção (decomposição). "Porque, na verdade, tendo Davi no seu tempo servido conforme a vontade de Deus, dormiu, e foi posto junto de seus pais e viu a corrupção" (Atos 13:36).

O rei Davi morreu e foi devidamente sepultado. Sua sepultura ainda estava presente nos dias apostólicos. "Varões irmãos seja-me lícito dizer-vos livremente acerca do patriarca Davi, que ele morreu e foi sepultado, e entre nós está até hoje a sua sepultura" (Atos 2:29).

Apesar de Davi te sido um homem, cujo coração era perfeito para com o Senhor Deus (I Reis 11:4) e "no seu tempo servido conforme a vontade de Deus" (Atos 13:36), ainda assim, ele não subiu aos céus. Portanto, ele não tinha uma alma imortal que pudesse ter ido para o céu após a sua morte. Mas, o seu corpo viu a corrupção, e está no pó da terra aguardando o dia de sua ressurreição. "Porque Davi não subiu aos céus, mas ele próprio diz: Disse o Senhor ao meu Senhor: Assenta-te à minha direita" (Atos 2:34).

O homem não possui uma alma imaterial, consciente e imortal que possa sobreviver à morte do corpo e deslocar-se para o céu logo após a morte. Mesmo porque Jesus Cristo prometeu voltar outra vez para nos levar para o céu. Portanto, os justos não vão para o céu logo após a sua morte. Somente subirão ao céu por ocasião da segunda vinda de Cristo, quando serão ressuscitados do pó da terra. "Na casa de meu Pai há muitas moradas; se não fosse assim, eu vo-lo teria dito: vou preparar-vos lugar. E, se eu for, e vos preparar lugar, virei outra vez e vos levarei para mim mesmo, para que onde eu estiver estejais vós também" (João 14:2-3).

Aqueles que não acreditam na ressurreição dos mortos, ainda permanecem em seus pecados. Porque, não havendo ressurreição, então todos que morreram na fé estão eternamente perdidos, pois a única forma do morto ter consciência e a vida eterna é por meio da ressureição. A grande verdade é que realmente a ressurreição existe, tanto que Jesus Cristo ressuscitou dos mortos. "Porque, se os mortos não ressuscitam, também Cristo não ressuscitou. E, se Cristo não ressuscitou, é vã a vossa fé, e ainda permaneceis nos vossos pecados. E também os que dormiram em Cristo estão perdidos. Mas agora Cristo ressuscitou dos mortos, e foi feito as primícias dos que dormem" (I Coríntios 15:16-18 e 20).

Paulo tinha plena consciência de que em breve morreria. Ele não esperava receber o galardão da coroa da justiça logo após a sua morte. Mas manifestou a consciência de que a coroa da justiça ficaria guardada para ser-lhe dada somente naquele dia. Paulo esperava desfrutar da coroa da justiça juntamente com todos os salvos tão-somente no dia da segunda vinda do Senhor. "Desde agora, a coroa da justiça me está guardada, a qual o Senhor, justo juiz, me dará naquele dia; e não somente a mim, mas também a todos os que amarem a sua vinda" (II Timóteo 4:8).

Os justos mortos não possuem uma alma imortal que esteja desfrutando a glória do Céu. Mas a sua alma está sob o poder da sepultura, aguardando o dia da vinda de Jesus Cristo, quando então serão ressuscitados e recebidos no Céu em glória. "Mas Deus remirá a minha alma do poder da sepultura, pois me receberá" (Salmos 49:15).

21. Uma Destruição

Os ímpios não possuem uma alma imortal que possa sobreviver à morte do corpo e depois continuar consciente no fogo do inferno queimando eternamente em insuportáveis calores abrasadores. Tudo isso não passa de uma ficção diabólica inventada pelos homens inspirados pelo diabo, com o propósito de denegrir o caráter amoroso, misericordioso e justo do Senhor nosso Deus.

Segundo essa filosofia, os pecadores são lançados no inferno, independentemente de seu tempo de vida ou atrocidade de seus pecados. Portanto, uma punição eterna seria totalmente desproporcional ao tempo de vida do pecador e do seu pecado. Não há nenhuma justiça em punir eternamente o pecador por causa de uma vida transitória de pecados. Isso não passa de um sadismo desenfreado.

A verdade é que todos os que morrem – tanto justos quanto injustos – estão inconscientes no pó da terra. Ali ficarão até ao dia do juízo, quando receberão o galardão da vida eterna ou da condenação. Enquanto estiverem mortos, não possuem consciência, lembranças ou sentimentos. Tudo cessou de existir com a morte. "Porque os vivos sabem que hão de morrer, mas os mortos não sabem cousa nenhuma, nem tão pouco eles têm jamais recompensa, mas a sua memória ficou entregue ao esquecimento. Até o seu amor, o seu ódio, e a sua inveja já pereceram, e já não têm parte alguma neste século, em cousa alguma do que se faz debaixo do sol" (Eclesiastes 9:5-6).

Chegará o dia em que todos os que estão no pó da terra serão chamados de volta à vida pelo Filho de Deus. Pelo poder de Sua palavra correrá a primeira ressurreição. Então, os justos sairão do pó da terra ressuscitados com a vida eterna. Algum tempo depois ocorrerá a segunda ressurreição. Então, os ímpios sairão do pó da terra para a ressurreição da condenação. "Não vos maravilheis disto; porque vem a hora em que todos os que estão nos sepulcros ouvirão a sua voz. "E os que fizeram o bem sairão para a ressurreição da vida; e os que fizeram o mal para a ressurreição da condenação" (João 5:28-29).

Os justos serão preservados para sempre, porque na ressurreição eles receberão a vida eterna. Porém, os ímpios serão arrancados, erradicados e extirpados. Portanto, eles não ficarão ardendo eternamente num inferno de fogo sem fim. "Porque o Senhor ama o juízo e não desampara os seus santos; eles são preservados para sempre; mas a descendência dos ímpios será desarraigada" (Salmos 37:28).

O Senhor Deus guarda todos os justos. Porém, os ímpios serão destruídos para sempre. Logo, não ficarão queimando para sempre num inferno eterno: "O Senhor guarda a todos os que o amam; mas todos os ímpios serão destruídos" (Salmos 145:20).

Os ímpios não possuem uma alma imortal e consciente que possa ficar sofrendo eternamente num inferno de fogo. Mas, todos serão destruídos para sempre. "Brotam os ímpios como a erva, e florescem todos os que praticam a iniquidade, mas para serem destruídos para sempre" (Salmos 92:7).

Jesus Cristo viveu como homem e entre os homens para participar do resultado do pecado. Com a sua morte expiatória, Cristo adquiriu autoridade para destruir o diabo, o qual detinha o império da morte. "E, visto como os filhos participam da carne e do sangue, também ele participou das mesmas coisas, para que pela morte aniquilasse o que tinha o império da morte, isto é, o diabo" (Hebreus 2:14).

Os ímpios mortos não estão ardendo no fogo do inferno. Mas, todos eles estão no pó da terra, reservados para o castigo do dia do juízo final. "Assim, sabe o Senhor livrar da tentação os piedosos, e reservar os injustos para o dia de juízo, para serem castigados" (II Pedro 2:9).

No juízo final, os ímpios serão destruídos pelo fogo que desce do céu. A destruição dos ímpios será total, de maneira que não sobrará nem raiz e nem ramo. "Porque eis que aquele dia vem ardendo como forno: todos os soberbos, e todos os que cometem impiedade, serão como palha; e o dia que está para vir os abrasará, diz o Senhor dos Exércitos, de sorte que lhes não deixará nem raiz nem ramo" (Malaquias 4:1).

O fogo que desce do céu transformará a Terra num lago de fogo ardente. Todos os pecadores serão lançados nesse lago de fogo para serem destruídos para sempre, numa segunda morte. "A sua parte será no lago que arde com fogo e enxofre; o que é a segunda morte" (Apocalipse 21:8). Nada de uma alma imortal agonizando eternamente num lago de fogo sem fim.

A segunda morte ocorrerá no lago de fogo, quando os ímpios perecerão para sempre. Eles se desfarão em fumaça e desaparecerão. "Mas os ímpios perecerão, e os inimigos do Senhor serão como a gordura dos cordeiros: desaparecerão e em fumo se desfarão" (Salmos 37:20). Nada de uma alma imortal sofrendo eternamente o fogo de um inferno sem fim.

O justo possui um perpétuo fundamento. Porém, os ímpios são como uma tempestade, que vem ao mundo e faz um pouco de barulho e estrago para em seguida passar e nunca mais retornar. "Como a tempestade, assim passa o ímpio, mas o justo tem perpétuo fundamento" (Provérbios 10:25).

Conforme a promessa divina, os justos aguardam novos Céus e nova Terra sem a presença do mal, onde existe a justiça. "Mas nós, segundo a sua promessa, aguardamos novos céus e nova terra, em que habita a justiça" (II Pedro 3:13).

Os justos ressuscitados resplandecerão em glória no reino de Deus. Ali não haverá a presença de nenhum maligno. Somente os salvos poderão herdar e viver na Terra renovada. "Então os justos resplandecerão como o sol, no reino de seu Pai. Quem tem ouvidos para ouvir, ouça" (Mateus 13:43).

22. O Espiritismo e a Bíblia

O Espiritismo moderno é um movimento que se apresenta ao mundo com ares de ciência, filosofia e religião. Seus adeptos supõem que todos os homens possuem um espírito imaterial, consciente e imortal que sobrevive à morte do corpo, e com quem os vivos podem comunicar-se.

É evidente que tal doutrina nega os ensinos bíblicos sobre o estado inconsciente dos mortos. O mais grave é que nega a salvação pela graça condicionada à fé em Jesus Cristo. Pois, se todos possuem naturalmente um espírito imortal, que sobrevive à morte do corpo, então não há necessidade de salvação, perdão, crenças, moral, religião, fé etc. Pois ao final das contas, todos estarão conscientes e vivos no além-túmulo.

A Bíblia Sagrada orienta-nos a confiarmos sempre no Senhor. Jamais devemos confiar em nossa própria compreensão sobre questões que envolvam a nossa salvação. "Confia no Senhor de todo o teu coração, e não te estribes no teu próprio entendimento" (Provérbios 3:5). Portanto, devemos considerar o que o Senhor Deus diz em Sua Palavra, e não o que dizem os homens ou os supostos espíritos dos mortos.

Quando experimentamos as grandes verdades reveladas nas Escrituras Sagradas, passamos a desprezar todo caminho que não está em harmonia com a Palavra de Deus. "Pelos teus mandamentos alcancei entendimento; pelo que aborreço todo o falso caminho" (Salmos 119:104).

O Senhor Deus abomina todas as práticas espíritas, chegando a proibir a sua prática entre o Seu povo santo. "Entre ti se não achará quem faça passar pelo fogo o seu filho ou a sua filha, nem adivinhador, nem prognosticador, nem agoureiro, nem feiticeiro. Nem encantador de encantamentos, nem quem consulte um espírito adivinhante, nem mágico, nem quem consulte os mortos: Nem encantador de encantamentos, nem quem consulte um espírito adivinhante, nem mágico, nem quem consulte os mortos. Pois todo aquele que faz tal cousa é abominação ao Senhor; e por estas abominações o Senhor teu Deus as lança fora de diante dele" (Deuteronômio 18:10-12).

Quando alguém quiser nos persuadir a consultar um espírito, devemos recorrer a Deus na oração e na Sua Palavra. Jamais devemos interrogar os espíritos; mas devemos consultar os vivos a favor dos vivos. "Quando vos disserem: Consultai os que têm espíritos familiares e os adivinhos, que chilreiam e murmuram entre dentes; - não recorrerá um povo ao seu Deus? A favor dos vivos interrogar-se-ão os mortos?" (Isaías 8:19).

Nas práticas cotidianas do espiritismo, os espíritos apresentam-se aos vivos como se fossem espíritos dos mortos. Eles mostram-se perfeitamente lúcidos, conscientes, saudosos, sentimentais e desejosos de participar do mundo dos vivos.

Porém, a Bíblia Sagrada revela claramente que os mortos não possuem memória de coisa alguma; nem lembranças ou sentimentos; nem mesmo participam das coisas mundo. Essa é a razão pela qual o Senhor proibiu a consulta aos mortos. "Os mortos não sabem cousa nenhuma, nem tão pouco eles têm jamais recompensa, mas a sua memória ficou entregue ao esquecimento. Até o seu amor, o seu ódio, e a sua inveja já pereceram, e já não têm parte alguma neste século, em cousa alguma do que se faz debaixo do sol" (Eclesiastes 9:5-6).

Os supostos espíritos de mortos trazem do além-túmulo muitas mensagens morais, religiosas, literárias e musicais, onde expressam diversos sentimentos de louvores. Porém, a Bíblia Sagrada revela que os mortos não louvam, simplesmente porque estão mortos no pó da terra. "Porque não pode louvar-te a sepultura, nem a morte glorificar-te: nem esperarão em tua verdade os que descem à cova. Os vivos, os vivos, esses te louvarão como eu hoje faço: o pai aos filhos fará notória a tua verdade" (Isaías 38:18-19).

Ora, se os espíritos que estão se comunicando com os vivos não são espíritos de mortos, então quem realmente eles são? A resposta bíblica é muito simples: "São espíritos de demônios, que fazem prodígios; os quais vão ao encontro dos reis de todo o mundo, para os congregar para a batalha, naquele grande dia do Deus Todo-poderoso" (Apocalipse 16:14).

A Bíblia Sagrada prediz explicitamente que nos últimos dias as atividades enganadoras dos espíritos seriam intensas e alguns abandonariam a fé para dar ouvidos a doutrinas de demônios: "Mas o Espírito expressamente diz que nos últimos tempos apostatarão alguns da fé, dando ouvidos a espíritos enganadores, e a doutrinas de demônios" (I Timóteo 4:1).

O Evangelho são as boas novas de salvação. Ele revela que "Deus amou o mundo de tal maneira que deu o seu Filho unigênito, para que todo aquele que nele crê não pereça, mas tenha a vida eterna" (João 3:16).

O evangelho não deve ser mudado. "Também vos notifico, irmãos, o evangelho que já vos tenho anunciado; o qual também recebestes, e no qual também permaneceis. Pelo qual também sois salvos se o retiverdes tal como vo-lo tenho anunciado; se não é que crestes em vão" (I Coríntios 15:1-2).

O Evangelho Segundo o Espiritismo contraria o Evangelho da Graça. Aquele Evangelho ensina que todos possuem um espírito imortal e consciente que sobrevive à morte do corpo. Portanto, tal Evangelho deve ser considerado maldição: "Mas, ainda que nós mesmos ou um anjo do céu vos anuncie outro evangelho além do que já vos tenho anunciado, seja anátema. Assim como já vo-lo dissemos, agora de novo também vo-lo digo. Se alguém vos anunciar outro evangelho além do que já recebestes, seja anátema" (Gálatas 1:8-9).

Portanto, qualquer suposta luz que não esteja em harmonia com as Escrituras Sagradas, não passa de trevas. "Vê pois que a luz que em ti há não sejam trevas" (Lucas 11:35).

23. Caso da Feiticeira de Endor

A Bíblia Sagrada relata uma sessão espírita que foi realizada a pedido do rei Saul. Esse monarca tinha apostatado das diretrizes da Palavra do Senhor.

O profeta Samuel tinha falecido e foi sepultado na cidade de Ramá. Nessa época o rei Saul havia banido de seus domínios territoriais todos aqueles que estavam envolvidos em práticas espiritualistas. "E já Samuel era morto, e todo o Israel o tinha chorado, e o tinha sepultado em Ramá, que era a sua cidade; e Saul tinha desterrado os adivinhos e os encantadores" (I Samuel 28:3).

O rei Saul tornou-se um pecador impenitente e havia caído em desgraça perante o Senhor Deus. Por causa de seus muitos pecados, o Senhor não lhe respondia mais pelos meios convencionais que estabeleceu. "E perguntou Saul ao Senhor, porém o Senhor lhe não respondeu, nem por sonhos, nem por Urim, nem por profetas" (I Samuel 28:6).

Em vez de arrepender-se e converter-se ao Senhor, o rei Saul afundou cada vez mais no lamaçal do pecado. Em aberta rebelião contra a vontade divina, o rei Saul mandou buscar algum médium a quem poderia consultar. "Então disse Saul aos seus criados: Buscai-me uma mulher que tenha o espírito de feiticeira, para que vá a ela e a consulte. E os seus criados lhe disseram: Eis que em Endor há uma mulher que tem o espírito de adivinhar" (I Samuel 28:7).

A prática de consultar os mortos é muito antiga e foi desenvolvida entre as nações pagãs. Porém, a ideia básica nasceu no Jardim do Éden, quando "a serpente disse à mulher: Certamente não morrereis" (Gênesis 3:4). Desde então, essa mentira vem prosperando e enganando milhões de pessoas pelo mundo todo, especialmente porque os demônios tem simulado serem os espíritos dos mortos.

Influenciado pelas práticas do paganismo, o rei Saul procurou a médium, para que ela realizasse uma sessão espírita, embora a mulher desconfiasse que fosse uma cilada para destruí-la. "E Saul se disfarçou e vestiu outros vestidos, e foi ele e com ele dois homens, e de noite vieram à mulher; e disse: Peço-te que me adivinhes pelo espírito de feiticeira, e me faças subir a quem eu te disser. Então a mulher lhe disse: Eis aqui tu sabes o que Saul fez, como tem destruído da terra os adivinhos e os encantadores: por que, pois, me armas um laço à minha vida, para me fazer matar?" (I Samuel 28:8-9).

Contrariando a determinação divina para eliminar todas as formas de práticas espiritualistas, o rei Saul jura que não faria nenhum mal à médium. Então solicita que lhe seja invocado o profeta Samuel, que já era falecido. "Então Saul lhe jurou pelo Senhor, dizendo: Vive o Senhor, que nenhum mal te sobrevirá por isso. A mulher então lhe disse: A quem te farei subir? E disse ele: Faze-me subir a Samuel" (I Samuel 28:10-11).

Para desespero da médium, a primeira coisa que os espíritos lhe revelaram é que o consulente em sua presença era o próprio rei Saul. Então o rei lhe acalma e ela revela-lhe que está vendo deuses subindo da terra. "Vendo pois a mulher a Samuel, gritou em alta voz; e a mulher falou a Saul, dizendo: Por que me tens enganado? pois tu mesmo és Saul. E o rei lhe disse: Não temas: porém que é o que vês? Então a mulher disse a Saul: Vejo deuses que sobem da terra" (I Samuel 28:12-13).

O rei Saul solicita que a médium descreva a figura desses deuses que ela estava vendo. Pela simples descrição, o rei supôs que se tratava de Samuel. "E lhe disse: Como é a sua figura? E disse ela: Vem subindo um homem ancião, e está envolto numa capa. Entendendo Saul que era Samuel, inclinou-se com o rosto em terra, e se prostrou" (I Samuel 28:14).

Saul disse ao suposto Samuel, que Deus não lhe respondia mais pelos meios estabelecidos. Ora, se Deus não lhe respondia mais, então porque falaria por meio daquilo que condenou? "Samuel disse a Saul: Por que me desinquietaste, fazendo-me subir? Então disse Saul: Mui angustiado estou, porque os filisteus guerreiam contra mim, e Deus se tem desviado de mim, e não me responde mais, nem pelo ministério dos profetas, nem por sonhos; por isso te chamei a ti, para que me faças saber o que hei de fazer" (I Samuel 28:15).

O suposto espírito de Samuel não trouxe nenhuma palavra de orientação, como fazia quando vivo. Mas trouxe palavras que deixaram o rei desesperado. "Então disse Samuel: Por que pois a mim me perguntas, visto que o Senhor te tem desamparado, e se tem feito teu inimigo? Porque o Senhor tem feito para contigo como pela minha boca te disse, e tem rasgado o reino da tua mão, e o tem dado ao teu companheiro Davi. Como tu não deste ouvidos à voz do Senhor, e não executaste o fervor da sua ira contra Amaleque, por isso o Senhor te fez hoje isto" (I Samuel 28:16-18).

O espírito prognosticou tragédias e mortes. "E o Senhor entregará também a Israel contigo na mão dos filisteus, e amanhã tu e teus filhos estareis comigo; e o arraial de Israel o Senhor entregará na mão dos filisteus" (I Samuel 28:19).

Por causa dessa adivinhação, Saul ficou desanimado e entregou-se prostrado. "E imediatamente Saul caiu estendido por terra, e grandemente temeu por causa daquelas palavras de Samuel: e não houve força nele; porque não tinha comido pão todo aquele dia e toda aquela noite" (I Samuel 28:20).

Entre as razões pelas quais Saul morreu, estava o fato dele ter buscado e médium, e não ao Senhor. "Assim morreu Saul por causa da sua transgressão com que transgrediu contra o Senhor, por causa da palavra do Senhor, a qual não havia guardado; e também porque buscou a adivinhadora para a consultar. E não buscou ao Senhor, pelo que o matou, e transferiu o reino a Davi, filho de Jessé" (I Crônicas 10:13-14).

24. Apostasia de Israel

O que nos dias de hoje é chamado de médium, nos tempos antigos era chamado de feiticeira.

Em geral, na antiguidade, todas as nações do mundo eram Teocráticas. Algumas delas condenavam severamente a prática das artes espiritualistas. Os antigos sabiam de algo que o mundo moderno desconhece. De igual forma, tal prática também era condenada pela nação israelita.

A lei criminal israelita condenava o médium à morte. "A feiticeira não deixarás viver" (Êxodo 22:18).

No regime Teocrático de Israel o médium era condenado pela nação à morte por apedrejamento. "Quando pois algum homem ou mulher em si tiver um espírito adivinho, ou for encantador, certamente morrerão: com pedras se apedrejarão; o seu sangue é sobre eles" (Levítico 20:27).

O povo de Deus está terminantemente proibido de praticar qualquer arte espiritualista, como agouros e adivinhações. "Não comereis cousa alguma com sangue; não agourareis nem adivinhareis" (Levítico 19:26).

O Senhor Deus proibiu o crente de buscar os videntes adivinhadores e encantadores, porque seriam contaminados pelo engano. "Não vos virareis para os adivinhadores e encantadores; não os busqueis, contaminando-vos com eles: Eu sou o Senhor vosso Deus" (Levítico 19:31).

O povo de Deus foi divinamente proibido de praticar quaisquer artes mediúnicas das feitiçarias e nem pode ter agoureiros. "E tirarei as feitiçarias da tua mão: e não terás agoureiros" (Miqueias 5:12).

Ao que parece, também havia alguns instrumentos empregados para adivinhação, como a vara de madeira. "O meu povo consulta a sua madeira, e a sua vara lhe responde, porque o espírito de luxúria os engana, e eles se corrompem, apartando-se da sujeição do seu Deus" (Oseias 4:12).

Também havia os terafins, que eram imagens de deuses do lar na forma humana e de diversos tamanhos. Tidos como amuletos de boa sorte, eram constantemente consultados. Os Terafins e outros ídolos foram severamente condenados por Deus como instrumentos da mentira. "Porque os terafins têm falado vaidade, e os adivinhos têm visto mentira, e descrito sonhos vãos; com vaidade consolam: por isso vão como ovelhas, estão aflitos, porque não há pastor" (Zacarias 10:2).

Muitos não querem saber de nada com as verdades bíblicas divinamente reveladas. Preferem confiar em palavras falsas de religiões falsas que visam agradar a natureza humana decaída. "Eis que vós confiais em palavras falsas, que para nada são proveitosas" (Jeremias 7:8).

A grande maioria das pessoas não são suficientemente sábias para evitar o mal, pois não aprenderam a desconfiar dos caminhos religiosos. "Há caminho que parece direito ao homem, mas o seu fim são os caminhos da morte" (Provérbios 16:25).

Infelizmente o povo israelita nunca foi inteiramente fiel à verdade. Eles apostataram-se e praticaram muitas crenças pagãs. "Também fizeram passar pelo fogo a seus filhos e suas filhas, e deram-se a adivinhações, e criam em agouros; e venderam-se para fazer o que parecia mal aos olhos do Senhor para o provocarem à ira" (II Reis 17:17).

Contrariando a vontade do Senhor Deus, o rei Manassés entregou-se às artes espiritualistas. "E até fez passar a seu filho pelo fogo, e adivinhava pelas nuvens, e era agoureiro, e instituiu adivinhos e feiticeiros: e prosseguiu em fazer mal aos olhos do Senhor, para o provocar à ira" (II Reis 21:6).

Em sua apostasia, os israelitas chegaram a sacrificar os seus próprios filhos aos demônios. "Demais disto, sacrificaram seus filhos e suas filhas aos demônios" (Salmos 106:37).

O espiritismo é um falso caminho que tem enganado milhões de pessoas pelo mundo inteiro. Deus tem condenado severamente essa religião. Os espíritos que aparecem comunicando-se com os vivos não são espíritos dos mortos, mas espíritos de demônios. Isso porque os mortos não possuem consciência de coisa alguma, nem mesmo lembranças ou sentimentos de amor, ódio ou inveja. Porém, os demônios são os anjos que se rebelaram contra o Senhor sob o comando de Lúcifer. Em continuidade de sua rebelião eles fingem que são os espíritos dos mortos, mas tudo não passa de uma grande encenação.

O Espiritismo Moderno faz a luz parecer treva e a treva parecer luz. Porém, o Senhor tem pronunciado um "ai" sobre aqueles que desvirtuam a revelação divina. "Ai dos que ao mal chamam bem, e ao bem mal: que fazem da escuridade luz, e da luz escuridade; e fazem do amargo doce, e do doce amargo!" (Isaías 5:20).

A ilusória filosofia de que o homem possui um espírito imortal que permanece consciente após a morte do corpo, não passa de um concerto com a morte e com o inferno. Com isso, os espíritas colocam a mentira por refúgio e escondendo-se debaixo da falsidade da imortalidade do espírito. "Porquanto dizeis: Fizemos concerto com a morte, e com o inferno fizemos aliança; quando passar o dilúvio do açoite, não chegará a nós, porque pusemos a mentira por nosso refúgio, e debaixo da falsidade nos escondemos" (Isaías 28:15).

Quando chegar o juízo final o concerto espírita com a morte e com o inferno não poderá subsistir, simplesmente porque não existe tal coisa de um espírito imortal que sobrevive conscientemente à morte do corpo. "E regrarei o juízo pela linha, e a justiça pelo prumo, e a saraiva varrerá o refúgio da mentira, e as águas cobrirão o esconderijo. E o vosso concerto com a morte se anulará; e a vossa aliança com o inferno não subsistirá; e, quando o dilúvio do açoite passar, então sereis oprimidos por ele" (Isaías 28:17-18).

25. João Batista e Elias

Os espíritas dizem que João Batista era a reencarnação do profeta Elias. Mas, o que dizem as Escrituras Sagradas?

Elias foi um grande profeta que andou com Deus. Quando estava para terminar seu ministério, o Senhor revelou-lhe que ele seria elevado ao céu num redemoinho. Assim, Elias partiu de Gilgal com Eliseu, seu sucessor. "Sucedeu pois que, havendo o Senhor de elevar a Elias num redemoinho ao céu, Elias partiu com Eliseu de Gilgal". II Reis 2:1

Enquanto Elias e Eliseu caminhavam e conversavam, apareceu no céu uma carruagem de fogo conduzida por cavalos de fogo, então Elias foi arrebatado vivo para o céu num redemoinho. "E sucedeu que, indo eles andando e falando, eis que um carro de fogo, com cavalos de fogo, os separou um do outro: e Elias subiu ao céu num redemoinho" (II Reis 2:11).

O Antigo Testamento encerra-se com a promessa de que o Senhor enviaria a profeta Elias, antes do grande dia do Senhor. "Eis que eu vos envio o profeta Elias, antes que venha o dia grande e terrível do Senhor. E converterá o coração dos pais aos filhos, e o coração dos filhos a seus pais; para que eu não venha, e fira a terra com maldição" (Malaquias 4:5-6).

Entre o Antigo e o Novo Testamento, passaram-se quatro séculos até que João Batista apareceu pregando no deserto. "Como está escrito no profeta Isaías: Eis que eu envio o meu anjo ante a tua face, o qual preparará o teu caminho diante de ti. Voz do que clama no deserto: Preparai o caminho do Senhor, endireitai as suas veredas. Apareceu João batizando no deserto e pregando o batismo de arrependimento para remissão dos pecados" (Marcos 1:2-4).

Leandro Bertoldo
O Estado dos Mortos

O povo reconheceu que havia algo diferente em João Batista. Todos cogitavam na possibilidade dele ser o Messias: "E, estando o povo em expectação, e pensando todos de João, em seus corações, se porventura seria o Cristo" (Lucas 3:15).

Quando estava para completar o seu ministério, João Batista revelou que ele não era o Messias. "Mas João, quando completava a carreira, disse: Quem pensais vós que eu sou? Eu não sou o Cristo; mas eis que após mim vem aquele a quem não sou digno de desatar as alparcas dos pés" (Atos 13:25).

João Batista afirmou que ele não era o Messias, mas alguém enviado à frente dEle. "João respondeu, e disse: O homem não pode receber coisa alguma, se lhe não for dada do céu. Vós mesmos me sois testemunhas de que disse: Eu não sou o Cristo, mas sou enviado adiante dele" (João 3:27-28).

O Antigo Testamento (Lei e Profetas) termina com a promessa da vinda do profeta Elias. Assim, Jesus Cristo ensinou que o Antigo Testamento profetizou até João Batista, anunciando que João Batista era o Elias que havia de vir. "Porque todos os profetas e a lei profetizaram até João. E, se quereis dar crédito, é este o Elias que havia de vir. Quem tem ouvidos para ouvir ouça" (Mateus 11:13-15).

Os escribas diziam que antes da vinda do Cristo, Elias deveria vir primeiro. Então Jesus revela que Elias já veio. E que ele era João Batista: "E os seus discípulos o interrogaram, dizendo: Por que dizem então os escribas que é mister que Elias venha primeiro? E Jesus, respondendo, disse-lhes: Em verdade Elias virá primeiro, e restaurará todas as coisas. Mas digo-vos que Elias já veio, e não o conheceram, mas fizeram-lhe tudo o que quiseram. Assim farão eles também padecer o Filho do Homem. Então entenderam os discípulos que lhes falara de João Batista" (Mateus 17:10-13).

Elias subiu ao céu num redemoinho. Ele não passou pela experiência da morte. Então como João Batista poderia ser considerado o profeta Elias? Ora, a Bíblia Sagrada responde que João Batista era o profeta Elias, porque exerceria um ministério com o mesmo espírito e virtude de Elias. Assim, João era o Elias na obra de preparar ao Senhor um povo bem disposto. "Porque será grande diante do Senhor, e não beberá vinho, nem bebida forte, e será cheio do Espírito Santo, já desde o ventre de sua mãe; Santo, já desde o ventre de sua mãe. E converterá muitos dos filhos de Israel ao Senhor seu Deus. E irá adiante dele no espírito e virtude de Elias, para converter os corações dos pais aos filhos, e os rebeldes à prudência dos justos; com o fim de preparar ao Senhor um povo bem disposto" (Lucas 1:15-17).

Como o profeta Elias subiu ao céu sem passar pela experiência da morte, e como o Antigo Testamento termina profetizando a vinda de Elias, então os judeus pensaram que Elias havia descido do céu e estava pregando no deserto. Porém, o próprio João Batista afirmou aos judeus que ele não era o profeta Elias. "E este é o testemunho de João, quando os judeus mandaram de Jerusalém sacerdotes e levitas para que lhe perguntassem: quem és tu? E confessou, e não negou; confessou: Eu não sou o Cristo. E perguntaram-lhe: Então quê? És tú Elias? E disse: Não sou. És tu profeta? E respondeu: Não" (João 1:19-21).

João Batista disse que ele não era o Messias, nem Elias ou o Profeta, mas identificou-se como a voz do que clama no deserto. "Disseram-lhe, pois: quem és? para que demos resposta àqueles que nos enviaram; que dizes de ti mesmo? Disse: Eu sou a voz do que clama no deserto: Endireitai o caminho do Senhor, como disse o profeta Isaías" (João 1:22-23).

João Batista não era a reencarnação de Elias simplesmente porque Elias não morreu. Além disso, ele mesmo declarou que não era o Elias. O que acontece é que a Bíblia Sagrada faz uma aplicação tipológica do ministério profético de João Batista com o de Elias. Assim, João Batista exerceria o seu ministério com o mesmo espírito e virtude de Elias.

26. Enoque, Elias e Moisés

A Bíblia Sagrada revela qual foi o fim de três personagens que receberam uma graça especial. Eles são Enoque, Elias e Moisés.

O primeiro desses personagens é Enoque, o sétimo descendente de Adão em linha reta. Enoque foi um grande profeta antediluviano, que repreendia severamente os pecadores pelas suas grandes maldades. Entre as suas principais profecias, ele anunciava a vinda do Senhor para executar o juízo retribuitivo contra todos os ímpios pecadores. "E destes profetizou também Enoque, o sétimo depois de Adão, dizendo: Eis que é vindo o Senhor com milhares de seus santos. Para fazer juízo contra todos e condenar dentre eles todos os ímpios, por todas as suas obras de impiedade, que impiamente cometeram, e por todas as duras palavras que ímpios pecadores disseram contra ele" (Judas 1:14-15).

Durante a maior parte de sua vida, Enoque andou com Deus. Depois de um tempo, Enoque não retornou mais para sua casa e nunca mais foi visto. Isso aconteceu porque Deus o havia arrebatado para o céu. "E, andou Enoque com Deus; e não se viu mais; porquanto Deus para si o tomou" (Gênesis 5:24).

O Novo Testamento revela que Enoque foi trasladado vivo para o céu para não passar pela experiência da morte. Ele não foi encontrado em nenhum lugar da Terra porque o Senhor Deus o arrebatou para o céu. "Pela fé Enoque foi trasladado para não ver a morte, e não foi achado, porque Deus o trasladara; visto como antes da sua trasladação alcançou testemunho de que agradara a Deus" (Hebreus 11:5).

O segundo personagem que não passou pela experiência da morte porque Deus o arrebatou para o céu foi o profeta

Elias. O Senhor havia anunciado que Elias seria elevado ao céu num redemoinho. "Sucedeu pois que, havendo o Senhor de elevar a Elias num redemoinho ao céu, Elias partiu com Eliseu de Gilgal" (II Reis 2:1).

Enquanto Elias e Eliseu caminhavam e conversavam, apareceu uma carruagem de fogo puxada por cavalos de fogo. Em seguida o profeta Elias subiu ao céu levado por num redemoinho: "E sucedeu que, indo eles andando e falando, eis que um carro de fogo, com cavalos de fogo, os separou um do outro: e Elias subiu ao céu num redemoinho" (II Reis 2:11).

O terceiro personagem que teve um fim especial foi Moisés. Esse homem de Deus morreu e seu corpo foi sepultado por Deus, de forma que ninguém ficou sabendo a localização de sua sepultura. "Assim morreu ali Moisés, servo do Senhor, na terra de Moabe, conforme ao dito do Senhor. E o sepultou num vale, na terra de Moabe, defronte de Bete-Peor; e ninguém tem sabido até hoje a sua sepultura" (Deuteronômio 34:5-6).

Tempos depois o arcanjo Miguel foi buscar o corpo de Moisés para ressuscitá-lo. Porém, o diabo opôs-se porque queria manter intacto o seu império da morte (Hebreus 2:14). O diabo foi repreendido e Moisés foi ressuscitado. "Mas o arcanjo Miguel, quando contendia com o diabo, e disputava a respeito do corpo de Moisés, não ousou pronunciar juízo de maldição contra ele; mas disse: O Senhor te repreenda" (Judas 1:9).

Moisés morreu e tornou-se o primeiro homem a ser ressuscitado da morte. Desde a queda do homem, a morte havia reinado suprema. Porém, com a ressurreição de Moisés ficou claro que o diabo não tinha domínio absoluto para manter os mortos no pó da terra. "No entanto a morte reinou desde Adão até Moisés, até sobre aqueles que não pecaram à semelhança da transgressão de Adão, o qual é a figura daquele que havia de vir" (Romanos 5:14).

Séculos depois, Jesus Cristo chamou seus apóstolos e afirmou-lhes que alguns deles não morreriam sem que antes pudessem ver o reino de Deus. "E em verdade vos digo que, dos que aqui estão, alguns há que não provarão a morte até que vejam o reino de Deus" (Lucas 9:27).

Depois dessas palavras, decorreram oito dias. Então Jesus Cristo chamou a Pedro, João e Tiago e subiram ao monte para orar. Foi então que Jesus Cristo começou a transfigurar-se e ser glorificado. "E aconteceu que, quase oito dias depois destas palavras, tomou consigo a Pedro, a João e a Tiago, e subiu ao monte a orar. E, estando ele orando, transfigurou-se a aparência do seu rosto, e o seu vestido ficou branco e mui resplandecente" (Lucas 9:28-29).

Enquanto Jesus Cristo estava transfigurando-se, desceram o céu Moisés e Elias, que estavam com glória. "E eis que estavam falando com ele dois varões, que eram Moisés e Elias. Os quais apareceram com glória, e falavam da sua morte, a qual havia de cumprir-se em Jerusalém" (Lucas 9:30-31).

Elias subiu ao céu sem ver a morte e Moisés morreu, mas foi ressuscitado e levado para o céu. Foi por essa razão que os dois puderam comparecer no monte da transfiguração e conversar com Jesus Cristo.

No monte da transfiguração, Jesus Cristo cumpriu a Sua promessa para com os apóstolos. Eles viram a vinda do reino de Deus em miniatura. Presenciaram Cristo em glória. Viram Moisés glorificado representando todos os justos mortos que serão ressuscitados por ocasião da segunda vinda de Cristo; e viram Elias representando todos os justos que estarão vivos no momento da segunda vinda de Cristo.

Os justos vivos na segunda vinda de Cristo são o Elias dos últimos dias. "Porque o mesmo Senhor descerá do céu com alarido e com voz de arcanjo, e com a trombeta de Deus; e os que morreram em Cristo ressuscitarão primeiro. Depois nós, os que ficarmos vivos, seremos arrebatados juntamente com eles nas nuvens, a encontrar o Senhor nos ares, e assim estaremos sempre com o Senhor" (I Tessalonicenses 4:16-17).

27. Passagens Difíceis I

Nas Escrituras Sagradas existem algumas passagens que aparentemente são de difícil interpretação. Entre elas figuram os conceitos de alma e de espírito.

Segundo a Ciência da Hermenêutica, as passagens bíblicas precisam ser interpretadas sistematicamente. Para tanto é imprescindível levar em consideração as seguintes regras:

1ª. É absolutamente necessário levar em consideração a totalidade das Escrituras Sagradas.

2ª. Deve-se partir de conceitos gerais para os particulares.

3ª. Deve-se partir de conceitos mais claros para os mais obscuros.

Seguindo essas simples regras, a interpretação de qualquer passagem bíblica torna-se fácil de elucidar. A seguir serão analisados alguns casos.

Primeiro caso. Os adeptos da imortalidade da alma acreditam que o ladrão crucificado ao lado de Jesus Cristo foi para o Paraíso no mesmo dia em que morreu. "E disse a Jesus: Senhor, lembra-te de mim, quando entrares no teu reino. E disse-lhe Jesus: Em verdade te digo que hoje estarás comigo no Paraíso" (Lucas 23:42-43).

Numa primeira leitura, pode até parecer que o ladrão e Jesus foram para o Paraíso no mesmo dia em que morreram. Porém, essa interpretação destoa completamente do restante das Escrituras Sagradas, pelas seguintes razões:

1º. Os mortos estão no pó da terra aguardando o dia da ressurreição, para poderem subir ao Paraíso.

2º. Os textos gregos antigos não possuíam sinais de pontuações, que foram inventados somente nos séculos oito e nove. De forma que a tradução Trinitariana em português expõe: "Na verdade te digo hoje, que serás comigo no paraíso". The New Testament traduz: "Jesus lhe disse: Na verdade te digo hoje, estará comigo no paraíso".

3º. O pronome relativo "que" não existe no texto original. De maneira que Matos Soares e Basílio Pereira traduzem: "Em verdade te digo hoje: estará comigo no paraíso".

4º. Além disso, Jesus Cristo não foi para o Paraíso no mesmo dia em que morreu. Ao ressuscitar três dias depois, Ele afirmou que ainda não havia subido. "Disse-lhe Jesus: Não me detenhas, porque ainda não subi para meu Pai, mas vai para meus irmãos, e dize-lhes que eu subo para meu Pai e vosso Pai, meu Deus e vosso Deus" (João 20:17). Portanto, o ladrão e Jesus não foram para o Paraíso no mesmo dia em que morreram.

Segundo caso. A alma não é uma entidade imortal porque tanto a alma quanto o corpo podem perecer no juízo final. "E não temais os que matam o corpo, e não podem matar a alma; temei antes aquele que pode fazer perecer no inferno a alma e o corpo" (Mateus 10:28).

Terceiro caso. A Bíblia Sagrada diz que Deus não é Deus dos mortos, mas dos vivos. Não porque o homem possuiria uma suposta alma imortal, mas sim porque haverá ressurreição dos mortos. "E, acerca da ressurreição dos mortos, não tendes lido o que Deus vos declarou, dizendo. Eu sou o Deus d'Abraão, o Deus d'Isaque e o Deus de Jacó? Ora Deus não é Deus dos mortos, mas dos vivos" (Mateus 22:31-32).

Pelo fato de ser onisciente e de haver ressurreição dos mortos, para Deus é como se todos estivessem vivendo. "Ora Deus não é Deus de mortos, mas de vivos; porque para ele vivem todos" (Lucas 20:38).

"Deus não é Deus dos mortos, mas dos vivos" (Mateus 22:32) porque para Deus as coisas que não são, são como se já fossem. "A saber, Deus, o qual vivifica os mortos, e chama as coisas que não são como se já fossem" (Romanos 4:17).

Quarto caso. O apostolo Paulo foi arrebatado até ao terceiro céu, muito embora não soubesse explicar como ocorreu o fenômeno. "Conheço um homem em Cristo que há quatorze anos (se no corpo não sei, se fora do corpo não sei: Deus o sabe) foi arrebatado até ao terceiro céu. E sei que o tal homem (se no corpo, se fora do corpo, não sei; Deus o sabe). Foi arrebatado ao paraíso; e ouviu palavras inefáveis, de que ao homem não é lícito falar" (II Coríntios 12:2-4).

Um fenômeno parecido ocorreu com Pedro. Mas ele sabia explicar exatamente o que aconteceu. Segundo Pedro, o que ele teve foi um arrebatamento dos sentidos. "Estando eu orando na cidade de Jope, tive, num arrebatamento dos sentidos, uma visão; via um vaso, como um grande lençol que descia do céu e vinha até junto de mim" (Atos 11:5).

Fato semelhante foi registrado pelo apostolo João que descreve o mesmo fenômeno como sendo um arrebatamento no espírito. Como a Bíblia Sagrada nada ensina sobre um espírito consciente fora do corpo, então o que João teve foi um simples arrebatamento dos sentidos. "Eu fui arrebatado no espírito no dia do Senhor, e ouvi detrás de mim uma grande voz, como de trombeta" (Apocalipse 1:10).

Quinto caso. Paulo tinha o costume de escrever para as igrejas declarando que estava presente em espírito. Porém, o sentido não era que o seu espírito deixava o seu corpo para visitar as igrejas. O real sentido era que ele via-se presente em pensamento: "como se estivesse presente". Assim Paulo escreveu aos coríntios: "Eu na verdade, ainda que ausente no corpo, mas presente no espírito, já determinei, como se estivesse presente que o que tal ato praticou" (I Coríntios 5:3).

Do mesmo modo, ele escreveu aos colossenses: "Porque ainda que esteja ausente quanto ao corpo, contudo em espírito estou convosco, regozijando-me, e vendo a vossa ordem, e a firmeza da vossa fé em Cristo" (Colossenses 2:5).

28. Passagens Difíceis II

Nas Escrituras Sagradas existem algumas passagens de difícil compreensão. Esse fato foi reconhecido pelos apóstolos. Paulo afirmou aos hebreus: "muito temos que dizer, de difícil interpretação" (Hebreus 5:11). Pedro reconheceu que há pontos difíceis nas cartas de Paulo: "Paulo vos escreveu, segundo a sabedoria que lhe foi dada. Falando disto, como em todas as suas epístolas, entre as quais há pontos difíceis de entender, que os indoutos e inconstantes torcem e igualmente as outras Escrituras, para sua própria perdição" (II Pedro 3:15-16). Entre esses pontos difíceis encontram-se os seguintes:

Primeiro ponto. Paulo afirmou que desejava deixar este corpo para habitar com o Senhor: "Mas temos confiança e desejamos antes deixar este corpo, para habitar com o Senhor" (II Coríntios 5:8).

Os defensores da imortalidade da alma imaginam que Paulo desejava morrer para que a sua alma fosse para a presença do Senhor. Nada mais errado! Os mortos não possuem consciência de coisa alguma, então quando ressuscitarem lhes parecerá que nenhum tempo decorreu desde sua morte. A sensação subjetiva será a de que acabaram de morrer e instantes depois estão na presença do Senhor.

No mesmo capítulo, Paulo explicou que queria deixar este corpo corruptível, não porque tinha uma alma imortal, mas porque tinha um corpo eterno nos céus. "Porque sabemos que, se a nossa casa terrestre deste tabernáculo se desfizer, temos de Deus um edifício, uma casa não feita por mãos, eterna, nos céus" (II Coríntios 5:1).

Paulo queria deixar este corpo, não porque desejava morrer, mas para ser revestido pela imortalidade: "Porque também nós, os que estamos neste tabernáculo, gememos carregados: não porque queremos ser despidos, mas revestidos, para que o mortal seja absorvido pela vida" (II Coríntios 5:4).

Paulo queria deixar este corpo porque "a carne e o sangue não podem herdar o reino de Deus, nem a corrupção herda a incorrupção" (I Coríntios 15:50). Como a carne e o sangue não podem herdar o reino de Deus, então "convém que isto que é corruptível se revista da incorruptibilidade, e que isto que é mortal se revista da imortalidade" (I Coríntios 15:53).

Porém, esse revestimento ocorrerá somente na ressurreição do último dia: "Eis aqui vos digo um mistério: Na verdade, nem todos dormiremos, mas todos seremos transformados. Num momento, num abrir e fechar de olhos, ante a última trombeta; porque a trombeta soará, e os mortos ressuscitarão incorruptíveis, e nós seremos transformados" (I Coríntios 15:51-52).

Segundo ponto. Paulo expressou o desejo de partir para estar com Cristo: "Porque para mim o viver é Cristo, e o morrer é ganho. Mas de ambos os lados estou em aperto, tendo desejo de partir, e estar com Cristo, porque isto é ainda muito melhor" (Filipenses 1:21 e 23).

Os defensores da imortalidade da alma veem nessa passagem a prova de uma alma imortal que permanece consciente após a morte do corpo. Porém, estão equivocados, especialmente porque quando os mortos ressuscitarem a sensação de tempo que possuirão é a de que transcorreu apenas um instante desde a sua morte, muito embora possam ter decorridos milênios. Esse fenômeno ocorre porque no sono da morte não há consciência de coisa alguma (Eclesiastes 9:5-6). Ao ressuscitarem, a sensação será a de que acabaram de morrer para em seguida verem-se ressuscitados na presença do Senhor. Por isso Paulo desejava "deixar este corpo, para habitar com o Senhor"... "tendo desejo de partir, e estar com Cristo" (II Coríntios 5:8; Filipenses 1:23).

Paulo não esperava entrar no céu num alma incorpórea, mas esperava ser ressuscitado por Cristo, "que transformará o nosso corpo abatido, para ser conforme o seu corpo glorioso" (Filipenses 3:21).

Paulo não esperava morrer e subir imediatamente para o céu. Ele sabia que receberia seu galardão somente naquele dia, juntamente com todos que amarem a vinda do Senhor. "Desde agora, a coroa da justiça me está guardada, a qual o Senhor, justo juiz, me dará naquele dia; e não somente a mim, mas também a todos os que amarem a sua vinda" (II Timóteo 4:8).

Terceiro ponto. João disse que viu as almas dos que foram mortos, as quais clamavam por vingança: "E, havendo aberto o quinto selo, vi debaixo do altar as almas dos que foram mortos por amor da palavra de Deus e por amor do testemunho que deram. E clamavam com grande voz, dizendo: Até quando, ó verdadeiro e santo Dominador, não julgas e vingas o nosso sangue dos que habitam sobre a terra?" (Apocalipse 6:9-11).

Em hebraico a palavra alma é "nefech" e em grego é "psike". Biblicamente, ela é empregada com o sentido de "pessoa" ou "vida". Das 1600 vezes que a Bíblia Sagrada utiliza a expressão "alma", nenhuma delas insinua que a alma é uma entidade incorpórea, imortal e consciente após a morte.

Então por que aquelas almas clamavam? Bem, o livro do Apocalipse está repleto de metáforas e símbolos. Nesse livro até mesmo os trovões falam: "E, sendo ouvidas dos sete trovões as suas vozes, eu ia escrevê-las, e ouvi uma voz do céu, que dizia: Sela o que os sete trovões falaram, e não o escrevas" (Apocalipse 10:4).

Uma metáfora semelhante está registrada em Gênesis, onde é dito que o sangue de Abel clamava. "A voz do sangue do teu irmão clama a mim desde a terra" (Gênesis 4:10).

Diante dos exemplos bíblicos, podemos concluir que as almas que clamavam por justiça não passam de uma simples metáfora tão comum no livro do Apocalipse.

Relação de Endereços

CONHEÇA MAIS SOBRE A BÍBLIA SAGRADA NOS SEGUINTES ENDEREÇOS EM MOGI DAS CRUZES:

Biritiba Mirim: Av. Maria José de Ciqueira Melo, 280 – Centro.
Botujuru: R. Santa Helena, 202, Vl. São Paulo.
Brás Cubas: Rua Odilon Afonso, 80.
César de Souza: R. João Mariano de Paula, 233.
Cocuéra: Estr. Katsuji Kitaguchi km 2 Faz. Hollancountry, – Biritiba Mirim.
Guararema: R. Américo G. Ferreira, 496 – Centro.
Jd Aeroporto III: Rua Cumbica, 09.
Jd. dos Eucaliptos: R. José Servulo da Costa, 777 – B. Mirim.
Jd. Santa Cecília: R. Massao Kakiute, 159.
Jd. São Lázaro: Est. Municipal Miguel Rodrigues Martins, 18 – Biritiba-Ussú.
Jd. São Pedro: Avenida João XXIII, 3500 – Cesar de Souza.
Jundiapeba: R. Benedicto de Sousa Branco, 80.
Mogi das Cruzes: R. Cel. Santos Cardoso, 434, Vila Santista.
Pq. Morumbi: R. Profª Rita de Cássia M. Menezes, 270.
Pq. São Martinho: Rua Onze, 22.
Pomar do Carmo: R. das Acácias, 60 – Biritiba Mirim.
Sabaúna: R. Joaquim Gomes de Farias, 26 - Sabaúna.
Socorro: R. Aristóphanes Cataldo Éboli, 305.
Vila Cléo: R. João Fernandes de Moraes, 11 – Vl. Lavínia.
Vila Natal: R. Desidério Jorge, 402.
Vila Nova Jundiapeba: Av. Alfredo Crestana, 590.

Mais Endereços: www.encontreumaigreja.com.br
Rádio e TV: www.novotempo.org.br
Estude a Bíblia: www.estudeabiblia.com.br
Contato: atendimento@esperança.com.br

www.ingramcontent.com/pod-product-compliance
Lightning Source LLC
Chambersburg PA
CBHW061428050726

47593CB00006B/2262